孤独のグルメ

巡礼ガイド

［完全版］

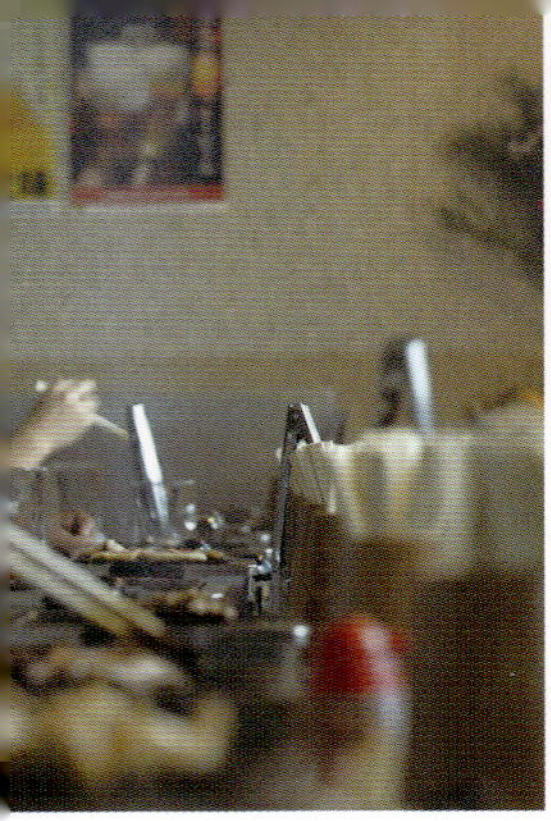

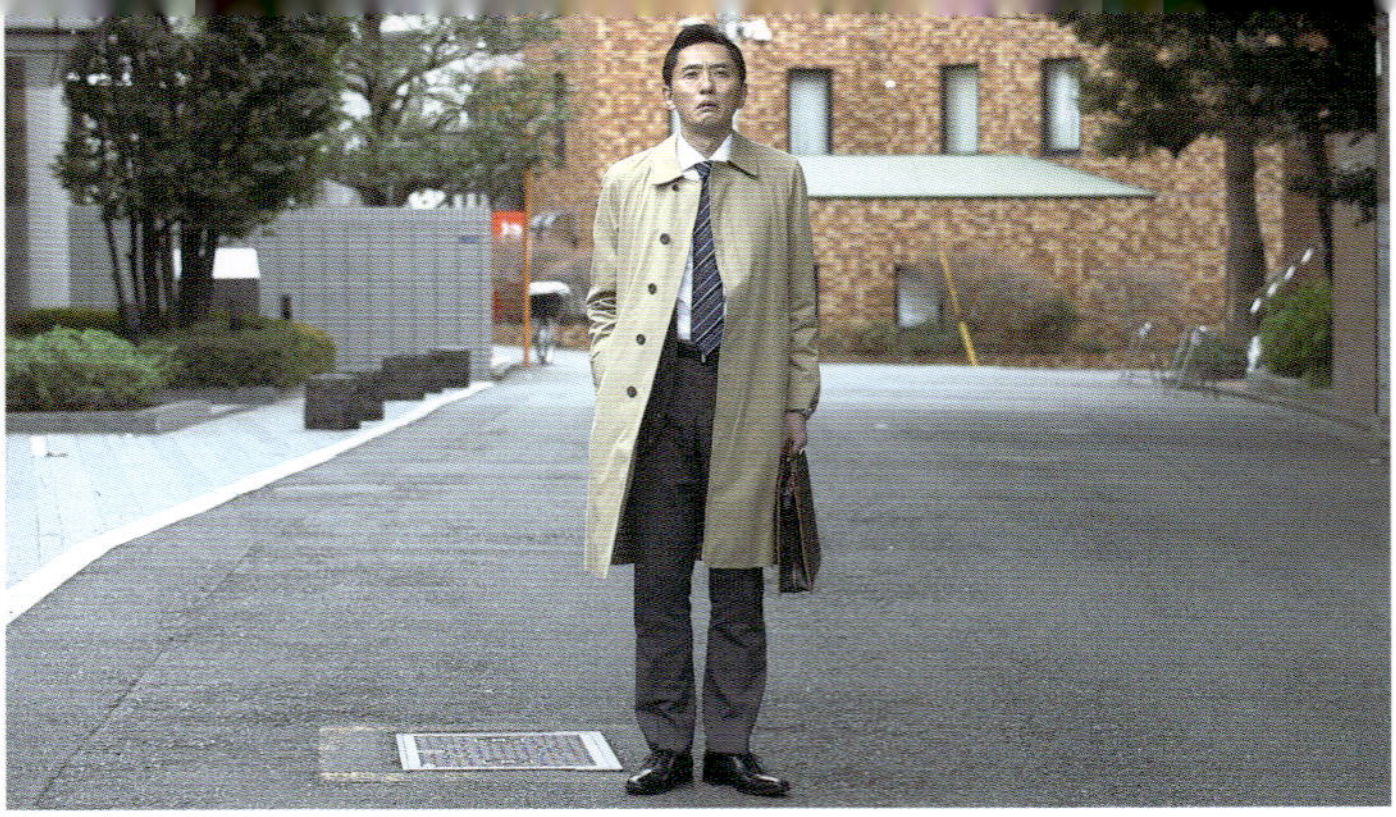

目次

Contents

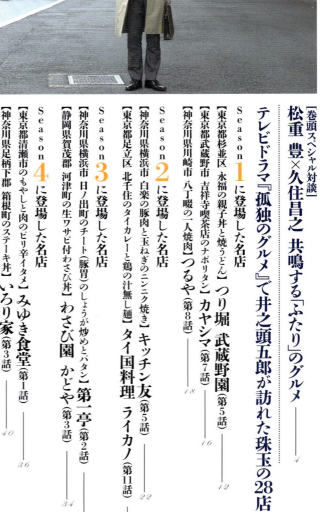

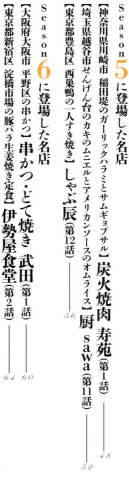

※紹介している情報は2024年11月現在のものです

巻頭スペシャル対談

主演
松重 豊

原作者
久住昌之

共鳴する「ふたり」のグルメ

『孤独のグルメ』の原作者・久住昌之氏とドラマ・劇映画で主演を務める松重豊氏のスペシャル対談をお届け。これまで訪れた名店をふたりが語り尽くす！

――今回は『孤独のグルメ巡礼ガイド［完全版］』が発刊されるということで、ドラマのシーズン1から最新シリーズまで登場したお店を抜粋して掲載しています。掲載されているお店の思い出などをお聞かせいただければと思います。

松重豊（以下、松重） 全部覚えてますよ。（掲載店のリストを見ながら）お店の様子が思い出されますね。

久住昌之（以下、久住） いきなり「つり堀武蔵野園」（永福）っていうのは意表をついたチョイスですね。

松重 ここでは親子丼と焼きうどんなどを食べましたね。食後に「とんだ炭水化物祭りを開いてしまった」とつぶやきますが、ここから「炭水化物祭り」が、よくネットなどで使われている気がします。このころ、僕は40代だったから食べられたけど、61歳の今、この組み合わせを食べろって言われたら「どういうつもり？」ってスタッフ会議をしますよ（笑）。まあ、おいしいことは間違いないんだけど。

久住 俺も当時「親子丼のあとに焼きうどんは食べすぎだろ」ってスタッフに言いました（笑）。ボクは50代前半でしたが。まだドラマも試行錯誤中でしたね

松重 あ、「つるや」（川崎）も入ってますね。初期の孤独のグルメといえば、「つるや」ですよね。一人焼肉の回で、うまかったなあ。

久住 そうですね。「キャベツ山《ざん》」の（笑）。焼肉でいうと宝来軒（群馬県藤岡市）も面白かったですね。客がいないカウンターに1人用のコンロがズラリと並んでる絵は、シュールで面白い。トークショーで見せると絶対ウケます。それでいて、うまいんだから。肉だけじゃなくてお新香もおいしい。店名が中華屋みたいなのもいいんですよね。

松重 「宝来軒」もそうですけど、群馬のご飯屋さんってどこもおいしいんですよ。

久住 群馬はおいしいですね。海なし県なのになぜか魚も。

松重 肉も野菜もうまいし、パスタまでありますから。焼肉となるとスタッフも「これは」という店を選んできます。年末スペシャルでも焼肉は入ってきますしね。今回は掲載されていないけど、鳥取の「まつやホルモン店」もおいしかった。いくらでも食えます。

久住 あそこは、うまかったなあ。スタッフがほとんどの店に入って、あの店に決めたって言ってた。塩ホルモンとか、驚きました。忘れられないな。漫画版作画の谷口ジローさんの出身地です。

巡礼者に貴重なアドバイス クーラーボックスが必須？

松重 あとは「焼肉ふじ」（静岡県伊東市）も。ここね、おもてにお肉屋さんがあるんですよ。

久住 そうそう。お肉屋さんから見ると、裏にちょっと入りにくい焼肉屋がある（笑）。店主が一緒。

松重 だから僕、撮影終わりに、このお肉屋さんで肉買って帰りましたもん。東京からだと遠いから、クーラーボックスを持って行かないと肉が傷むんですよ。だから、巡礼するときはクーラーボックスを持参したほうがいいです。僕は撮影のときは、お土産を買ったりすることが多いのでクーラーボックスを持って行きます。

久住 まさに巡礼へのガイドとして大事な情報ですね（笑）。下仁田の「コロムビア」の豚肉スキヤキも美味しかった。ちなみに、

僕は『久住昌之の終着駅から旅さんぽ』という単行本で、五郎が下仁田駅でおじいちゃんに言われていた温泉に泊まりました。まさに秘湯なんだけど、宿も風呂もすごくいい。露天風呂に入ってたら雪が降ってきて「ここで撮影してもよかったんじゃないの？」って思うくらいで。オススメです。

松重　これもありがたい情報ですね。巡礼の醍醐味だ。

久住　肉でいうと「第一亭」（横浜）もパンチがあったなあ。チート（豚胃袋）とニンニクを使ったパタン。すっかり全国区で有名になりましたね。

――パタンは麺にゴマ油と醤油、そして潰したニンニクを載せたまかないメニューですね。

松重　パタンは美味しかったけど、ニンニクが3日くらい残りました。僕はドラマロケの翌日、大河ドラマ『八重の桜』で死ぬシーンの撮影があったんですよ。ニンニク臭いのに、綾瀬はるかちゃんとかが僕に顔を近づけて泣くわけです。ニンニクのニオイを嗅がせたら、演技が止まっちゃうなと思って息止めてました。あれは大変でした。なので、パタンを食べるときは翌日からの予定を確認したほうがいい（笑）。

久住　巡礼ガイド的なアドバイスをすると、コロナを経てお客さんの入りが変わったお店もあるみたいですね。「山横沢」（笹塚）は、今も人気で予約が取れないことも多いそうです。でも、コロナ以降、みんなはしご酒をしなくなったので、2軒目に来てた客が来なくなった。だから予約がいっぱいでも、第一陣の帰った夜の9時くらいに行くとひゅっと入れるかもしれません。

松重　誘惑の多い笹塚で、その時間までお腹空かせているのは至難の業だなぁ。

ふたりが偶然出会う店。「波長が合ってきた」

――松重さんも久住さんも、放送後の混雑を避けるために、撮影後にすぐお店にうかがうこともあると聞きました。お互い偶然出会ったことはありますか。

松重　ありましたね。家族で行ったら、あとから久住さんが来たんですよ。

久住　あー！　あれは最高でしたね。お互い「なんでいるの？」って（笑）。

――ちなみに、それはどのお店ですか？

松重　これは教えられないです（笑）。今回は載っていないお店。そこもめちゃくちゃうまくて、今はもう予約が取れなくなっちゃってます。

久住　教えるとさらに混みすぎちゃいますからねぇ。

松重　リピートしたお店で久住さんの話を聞くこともありますよ。「朝まで飲んだらしい」みたいな（笑）。

久住　どこ？

松重　「居酒屋　舞子」（富山）です。

久住　あー、「ふらっとQUSUMI」の

僕もドラマスタッフも
お店選びの探知機を
久住さんから
植え付けられてる

撮影のときですね。朝までは飲んでないけど、本当にベロベロになった。自分の撮影は終わって、スタッフが、翌日の撮影の段取りが終わった後、ロケバスで一緒に宿に帰りましょうと言うんで、一人カウンターで飲んで待っていたんですよ。ところが女将さんがおいしい料理とお酒をちょっとずつちょっとずつ出してくれるんですよ。気づいたらヘロヘロになってました（笑）。最終的にスタッフに連れられて駅前のホテルまで帰ったらしいんだけど、覚えてない。「ロレツ回ってませんでした」って笑われた。あんなの初めてです。それくらいうまかった、ということにしてる（笑）。

松重　うまいですよね。かに面がやばいですよ。これ原価割れしてますから。かに面作るためにおばちゃんを2人雇ってるらしいんです。

久住　そこまでしなくていいのにね（笑）。あと、栗の素揚げもめちゃくちゃうまかった。あのパリパリに揚げられた鬼皮の部分こそがおいしいんですよ。栗の身の部分よりも。あれには驚いた。とにかく旬の食材のレベルが違いましたね。魚も野菜も。

松重　久住さんと同じ店に行ったということに関連すると、もうひとつあるんですよ。孤独のグルメとは関係ないんですけど。

久住　ありましたっけ？

松重　別のロケで、大阪の堺に行ったとき「ここだ！」というお好み焼き屋をみつけたんですよ。入ったらめちゃくちゃうまくて、しかも安い。店主に「なんでこんなにうまいんですか？」って聞いたら、「前に久住さんにも同じこと聞かれました」って。

久住　えー！　本当に？

松重　「ふくや」ってお好み焼き屋さんです。

久住　あ！　行った、行きました。周りに全然店がなくて、歩いていたらみつけたの。おいしかった。日曜日で、家族連れがたくさんいてね。みんな楽しそうに食べたり飲んだりしてて店のテレビで『サザエさん』やってて、これこそ平和とシアワセの風景だなって思ったのを覚えてます（笑）。

松重　こんな感じで最近すごく店探しの波長が久住さんと合うんですよ。店探しのセンサーが『孤独のグルメ』的になってきた。

笹塚の「山横沢」は、手打ちそば屋らしからぬ、幅の広いメニューでおもてなし。沖縄料理のふうちゃんぷるを注文し、車麩のあじわいを楽しむ五郎

両氏とも大絶賛の「居酒屋　舞子」（富山市）の「かに面」。カニの美味しいところすべてをほぐして甲羅に詰め直し、フタをしておでん種にしている

久住　そうですねぇ。10年以上やって、何軒のお店に行ったんだろう。スタッフもそのへんのセンサーは似てきている。そういえば、僕が先に漫画で描こうとしたけど挫折した店がドラマで登場して驚いたこともありました。

松重　どこですか？

久住　清瀬の「みゆき食堂」。しかも、ここは谷口ジローさんがアシスタントさんたちと行っていたお店だったんですよ。

松重　そうなんですか！

久住　僕は壁いっぱいびっしりのメニューやさまざまな年齢、性別、業種の客がいて、混沌としすぎてこれは8ページにまとめられないと思ってあきらめたんです。面白い店だったから悔しかったですね。だからドラマになって嬉しかった（笑）。

松重　そんなことがあったなんて知らなかったなぁ。

久住　僕とスタッフの感覚が似てきている例がもう一軒あって、大久保の淀橋市場の中の「伊勢屋食堂」。そこはそこは僕が和泉晴紀さんと組んでやってる漫画『食の軍師』（日本文芸社）で、すでに描いてたところだった。そしたら、孤独のグルメのプロデューサーから「今、伊勢屋食堂で撮ろうと思っているんですけど、被ってもいいですか？」って電話がきたんです。『食の軍師』では食堂の名前も変えてるからいいよって言って、放送されていましたね。

松重　偶然が重なるものですねぇ。

孤独のグルメが生んだ奇跡 つながる店主たちとの縁

久住　新小岩の「貴州火鍋」って店もよかったですね。貴州なんて初めて聞いた。ここの店主の中国人のお母さんは、日本に来たとき言葉もわからず、右も左もわからずすごく寂しかったそうです。そのとき唯一楽しみにしていたのが、『孤独のグルメ』を見ることだった。そしてウチもいつか『孤独のグルメ』に出るような店にしようと頑張っていたら、孤独のスタッフが来た、意外にも早く（笑）。とにかく驚いて、大感激したそうです。僕もロケで抱きつかれました（笑）。

松重　すごいですね。ここの納豆火鍋もおいしかったなあ。日本人の納豆の食べ方ってご飯にかけるのがメインだから、こういう納豆の楽しみ方は新鮮でうまかったです。

久住　あと、これまた偶然なんだけど『食の軍師』で描いた田町の「串揚げ　たけちゃん」の店主のお母さんの店が、孤独のグルメで放送されたの。大阪の屋台の「串かつ・どて焼　武田」。

松重　あー！　あそこか！　たしかに撮影のときにお母さんが「息子が田町で店をやってる」って言ってました。すごい偶然だ。

久住　あれには本当にびっくりしました。別の漫画で、全く知らずに行った大阪と東京の店の主人が、母と息子。

松重　素敵な屋台でした。「大阪で撮影があればどこでも行きますから」ってお母さんが言ってくれたので、いつか大阪ロケがあればお願いしようと思っているんですよ。

久住　スタッフも、よくあの屋台をみつけましたよね。

松重　そうですよね。スタッフの頑張りといえば「いづみ亭」（千葉県柏市）。ここは行きづらい場所ナンバーワンです。

久住　あー、あそこは本当に行きづらい。みつからない。

松重　遠いっていうより、場所がわからないんです。山道を行った先にあるんですけど、案内板とか全然ない。

久住　手賀沼の向こうですからね。湖を越えるから、あながち間違ってない。ここはドラマのカメラマンがキャンプ場の撮影を

久住 ……した帰りに偶然みつけたらしいんです。こういうスタッフのお手柄も多いですよね。

松重 足で稼いでますから。ここはねぎレバが最高にうまい。

久住 ラーメンもうまいですよねえ。こういう感じで、松重さんもスタッフもお店を選ぶ目は確かなので、映画も全面的にお任せしているんです。

松重 お店選びの探知機を久住さんから植え付けられていますから（笑）。今回の映画の舞台であるパリでも韓国でも五島列島でも「ここだ！」ってピンとくるんですよ。

久住 映画で登場するお店は、どこもうまそうでしたもんね。五島列島の「みかんや食堂」もよかった。

松重 映画で登場するお店は3軒あって、全て実在するお店なんですが、そこもスタッフと一緒にみつけました。佇まいやメニューももちろん、あとはお店の方込みでいいんですよ。なので、お店の店員さんをエキストラさんや俳優さんにやってほしくなくて全部ご本人に出演をお願いしたんです。

久住 ほんとに⁉　みんな最高だったよ！

松重 皆さん、演技が想像以上に素晴らしかった。パリのマダムなんて、どこの俳優だよって感じ。カトリーヌ・ドヌーヴかと思いました（笑）。

久住 ほんとですね。実力派人気女優さんかと思った。

松重 五島列島の食堂のおばちゃんも、最初は「うち、そういうのイヤだよ。芝居なんてやったことないし」って言ってたけど、説明台詞なんて立て板に水のようにスラスラと話しますから。ワンカットで済ませようと思ったけど、あまりにいい演技なので2カット撮りましたからね。

久住 韓国のお店もよかったですね。鯖がうまそうだった。映画を観たら、みんな行きたくなるでしょうね。

松重 読者のみなさん、映画で登場したお店を巡礼すると、もれなくご本人たちと会えますから、そこも楽しみにしてください。

久住昌之

漫画家・原作者・音楽家。1958年、東京都出身。1981年、泉晴紀とのコンビ「泉昌之」として漫画誌『ガロ』デビュー。『孤独のグルメ』のほかに『花のズボラ飯』（秋田書店）、『昼のセント酒』（カンゼン）など著書多数。ドラマでは劇伴も担当する

松重 豊

俳優。1963年、福岡県出身。蜷川幸雄主宰の蜷川スタジオを経て、映画、ドラマ、舞台で幅広く活躍。連続テレビドラマの主演は『孤独のグルメ』が初。著書に『空洞のなかみ』（毎日新聞出版）、『たべるノヲト。』（マガジンハウス）がある

撮影／ヤナガワゴーッ！　ヘアメイク（松重）／高橋郁美　松重衣装：ジャケット 5万4780円、シャツ 2万9480円、ベスト 3万2780円（すべて税込）［ジャンゴ アトゥール 092-523-6745］パンツ、シューズ（スタイリスト私物）

『孤独のグルメ』巡礼ガイド［完全版］

テレビドラマ

『孤独のグルメ』井之頭五郎が訪れた珠玉の28店

(Season1〜10)

※本文中の料理価格は2024年11月時点のものです

ん？ 甘い！ 卵が甘いって、なんか慰められるな

つり堀 武蔵野園

【東京都杉並区 永福の親子丼と焼うどん】

「永福……。なんとも縁起のいい地名だなぁ。静かで落ち着く街だ。意外に飯屋もある。でも、今日はなぜかそそられない……」と、ため息まじりにつぶやく五郎。それもそのはず、ここ最近は仕事のキャンセルが相次ぎ、さらに仕事の不手際を取引先に責められるなど、山あり谷ありの五郎の人生の中でも、まさにドン底だった。

昔馴染みの常連さんにお茶に誘われて西永福駅まで来てみたものの、厄除けのご利益もサッパリだったようで、その約束までも流れてしまい、途方に暮れてしまう。

「厄除けが効いてないようだ。お賽銭、少なかったかなぁ……。時間もあるし、とりあえず、ちょっと歩いてみるか」

そんな五郎の目にとまったのが、「つり堀　武蔵野園」だった。

「つり堀……。そういうのもアリだな」

しょぼくれた表情で釣りをはじめた五郎は「ああ、この感じ、忘れていた。いいじゃないか」と、少しだけ心を落ち着かせる。が、しかし、何度やってもエサを魚に持っていかれるばかりだ。落ち込む五郎に、常連の怪しい釣り師が声をかける。

「そんなに焦っていちゃぁ、釣れるもんも釣れねぇよ。人間、焦りは禁物だ」

気持ちをゆったりさせようと、魚にエサを撒きながらいささか気持ちを取り直したところで、「なんだか俺も急に腹が減ってきた……」と心がざわめく。

「俺の腹は今、いったいなに腹だ？　落ち着いて……、自分の腹の声を聞くんだ。……、やっぱり無理！　駅までもたない」

空腹に襲われ焦る五郎が見上げた先には、「お食事」の看板があるじゃないか！

「ここでいい。いや、ここがいい。いいに違いない！」

わらにもすがる思いで釣り堀のお食事処

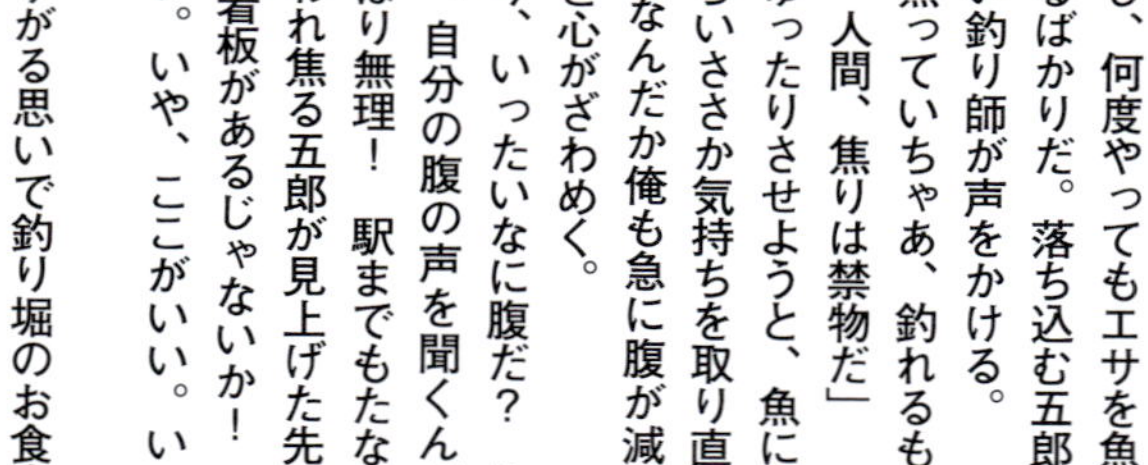

あらすじ

ツキに見放された五郎が訪ねた永福町

ここのところ商談のキャンセルが続くなど、どうもツイてない五郎が、昔馴染みの常連さんにお茶に誘われて降り立ったのが、杉並区の西永福駅。通りがかった神社で厄除けのお参りをしてみたものの、常連客とのお茶までもが、まさかのキャンセルとなってしまった。そんな五郎が向かった先は？

(Season1 第5話)

五郎の冷え切った心と体を温めた甘めの親子丼（950円）。味噌汁＆お新香付き。「親子丼ってあったかい響きだなぁ」と五郎

焼そばと迷ったが、こっちで正解だった焼きうどん（1000円）。ソースの絡まる太めのうどんの鰹節と湯気に食欲がそそられる

和田堀公園に隣接して森に囲まれたつり堀の武蔵野園。エサ＆貸し竿込みで1時間大人900円、子ども600円。リーズナブルに釣りが楽しめるのも魅力

謎の常連釣り師も強くすすめ、五郎に「生き返った」と言わしめた武蔵野園のおしるこ(500円)。小豆控えめでほどよい甘みだ

焼うどんとともに、五郎が一気に平らげた親子丼。「卵が甘いって、なんか慰められるな」と五郎

に飛び込んだ五郎だったが、〝地獄に仏〟とはまさにこのこと。見事な当たりだった。

「ほう、定食も充実している。よーし！ ここはひとつ！」

勢いづいた五郎は、珍しく即決で親子丼と焼きうどんを注文した。

濃いソースと絡まった太めのうどんの上で鰹節たちが踊っている。「ご飯ものから入るのが定石だが、この湯気、たまらん！」と、ひたすらうなずきながら、ただただ焼きうどんをかっ食らう五郎。

「焼きそばと迷ったが、こっちで正解！ ふくよかだ」

途中で親子丼に移ると、「ん？ 甘い！ 卵が甘いって、なんか慰められるな」と、少し癒されたようで体も温まってくる。

すっかり〝ドン底〟から脱した五郎は次第にヒートアップしてゆく。

「この焼きうどん、おかずにもなりそうだぞ。うん、これもアリだ。大アリ、大アリクイだ」と2品を一気食いしたのだった。

すっかり元のテンションに戻りつつある五郎はさらに勢いづいた。

「デザート、いけるな。よし！ すいません。おしるこください」

謎の釣り師もすすめるおしるこは確かにうまかった！

「おお〜、確かにべらぼうにうまい。ああ〜、生き返る。身も心もリセットされたぞぉ！」

そんな五郎の表情を見た謎の釣り師がまたまた言った。

「さっきと全然、顔つきが違うよ」

そういえば、いつのまにか、昨日のことをすっかり忘れてしまっていたことに、五郎は気づく。そして、「いい面も悪い面も、どっちもあって人間か……」と、新たな気づきを得て、つり堀を後にするのだった。

つり堀 武蔵野園

住：東京都杉並区大宮2-22-3
☎：03-3312-2723
営：つり堀9:00〜17:00
　　食堂10:00〜17:00
休：火、木曜日
　（祝日の場合は営業）
　天候不良の際臨時休業あり

時々、無性に食べたくなる懐かしのケチャップ味だ

カヤシマ 【東京都武蔵野市 吉祥寺のナポリタン】

「ダメだ！　ぜんぜん決まらない!!　まずい。どうやらメニューの森に迷い込んでしまったようだ……」

優柔不断でなかなかメニューを決められない井之頭五郎が、いつにも増して迷っているのは、独特の活気がある街、吉祥寺のとある喫茶店でのことだった。

どうも調子の悪い五郎は、その後も吉祥寺で迷い続ける。「今の俺はなに腹なんだ？　ダメだ……、迷う……」。

なかなか店を決められない五郎の目に飛び込んできたのは、お酒と食事の店と謳うなんでもアリのお店「カヤシマ」の、おびただしいメニューの数々だった。

「これだけあれば、どれか決まるだろう」と入店。少々、迷いながらもメニューにナポリタンを見つけると「こういうところのナポリタンって、案外、いいんだよ。ケチャップでまっ赤で。よし、ナポリタンにしよう。一件落着だ！」と安心したのも束の間、セットなので、さらに4品の中から選ばなければならないのだ。「また迷路に迷い込むぞ！」と、我に返った五郎が「迷ったときは一番上のもの」と即決したのがナポリタン&ハンバーグだった。

メニュー同様にカオス状態の店内を見渡

あらすじ

吉祥寺のランチ選びに迷った五郎の決め手は

商談まで時間があるのをいいことに、五郎は有名な肉屋へ。コロッケか串カツか……と悩んだ末に、当店一番人気のメンチカツ狙いの行列に並び、そのせいで遅刻してしまう。ハーモニカ横丁の占い師にも「迷いが顔に出ている」と見抜かれた五郎の昼めしは……

（Season1 第7話）

カヤシマ

住：東京都武蔵野市
吉祥寺本町1-10-9
☎：0422-21-6461
営：11:00〜23:00（L.O.22:30）
休：第3水曜日
（12月第3水曜日は営業。
12/30〜1/3は休業）

パスタではなくスパゲッティと呼ぶのが正しい、昔懐かしのケチャップ味のナポリタン。お店おすすめのワクワクセットにするとハンバーグほか、シューマイ、ポークジンジャーなどの4品からおかずが一品選べて980円（現在は1100円）。味噌汁にコーヒーをはじめとしたドリンクまで付いてこの値段はおトク

しながら待っていると、ナポリタンが登場。「これこれ、懐かしい味だ。時々、無性に食べたくなるケチャップ味だ」

ハンバーグを食べながら、「ケチャップ、ソース、マヨネーズ、そこに味噌汁。これでいいんだよ。俺にはこんなランチがお似合いなんだ」と食べ進めるうちに、常連に刺激されて思わず「すいません、ライスください」と頼んでしまう。それでも、「ナポリタンってのは、おかずにもなるんだよ」と、ライスとともにがっつく。

「パスタじゃなくて、スパゲッティ。いいぞ！　これは」と唸った五郎は、「古き良き吉祥寺が、この店1軒に集約されているようだ」と、満足げに店を後にしたのだった。

うおォン！ 俺はまるで人間火力発電所だ！

つるや

【神奈川県川崎市 八丁畷の一人焼肉】

お得意様を車で送り届けた後、五郎が帰り道に通ったのが、京浜工業地帯の工場群が広がる川崎だった。このあたりを通るのはひさしぶり。「相変わらずすごいなぁ」と工場を眺めながらひた走る。車を停めて、立ち上る煙を眺めながら思った。

「まるで、巨人の内臓がむき出しになっているようだ。腸、胃袋……。男って、こういうありさまにどうしてグッときちゃうんだろう……」

いつまでも眺めていられるような気がして、その風景に魅了されているうちに「なんだか急に腹が減ってきた。なにを食う？ なにが食いたい？」と自問自答する五郎の頭に浮かんだのは、巨大工場のむき出しの〝内臓〟たちだった。

「ここはやっぱり、焼肉だろう」

川崎駅あたりからどこに入るか店を探す五郎の目に飛び込んできたのは「焼肉ジンギスカンつるや」の文字だった。

「黄色い看板に赤い文字。いいじゃないかぁ」と店内を覗いてみると、混んでいる。

あきらめてさまよい続けるうちに、いつのまにやら京急の八丁畷駅まで歩いてしまったようだ。〝焼肉迷子〟になってしまった五郎は先ほど覗いた店まで戻ってみると、空席がいくつかあるようだ。

「やった！ 今ならいける。戻って正解だ」

通されたカウンター席には、一人焼肉用の古めかしい小さなロースターが各席に配置されている。カウンターに座っているのは、〝一匹狼〟ばかりだ。

「いいなぁ、この感じ。ひとり焼肉か」

メニューをみると、けっこう内臓系も充実している。一瞬悩んだが、五郎がチョイスしたのはカルビとハラミ、それと小腸のコプチャンだった。もちろん、ライスとキムチも忘れてはいない。

あらすじ

京浜工業地帯で見つけた絶品焼肉

お得意様を羽田空港まで愛車で送った帰り道、後は予定もない五郎は、川崎を通りかかった。煙がもくもくと立ち上る工場を眺めていたら、いつものように腹が減ってきてしまった五郎。頭に浮かんできたのは焼肉だった……。川崎駅あたりから店を探して歩くうちに隣の八丁畷駅まで行きつく

(Season1 第8話)

40年以上も前から肉の仕入れは変えず、常に新鮮な肉を提供している。秘伝のタレを武器に一匹狼たちを誘っている

店のオーナーが北海道で覚えたという「ジンギスカン」（1550円）。「コレはまた焼肉とは違う世界だ!」と五郎が唸った逸品

五郎も最初に目についた黄色地に赤い文字で焼肉と書かれた看板が目立つ「つるや」。焼肉の定番メニュー以外にジンギスカンもある

肉系だけでなく、ホルモンなどの内臓系メニューも充実。五郎が食べたのは小腸のコプチャンと、胸腺のシビレ（共に890円）をオーダーした

お通しのキャベツを食べると、その意外なうまさに五郎は驚く。

「このドレッシング、すごいかもしれない。こりゃあ、肉が楽しみだ」

期待が膨らむなか、肉がやってきた。1枚ずつ丁寧にロースターに載せる。

「この音だ。ようやく俺の食べる肉が鳴き出したぞ。この匂い……、たまらん」

まずはカルビを食べて「うまい！　いかにも肉って肉だ」と心の中で叫ぶ。タレも申し分なく、白いご飯との相性も抜群だ。内臓系も期待を裏切らない。

見た目ほど辛くはない手作り「キムチ」（540円）、同じくご飯のお伴「チャンジャ」（580円）も絶品

「油っぽいかと思いきや、口の中でサッと溶ける……」

さらにおろしにんにくをタレに入れたらガツンときてうまい。キャベツと一緒に食べるのもまたいい。もちろん、キムチとご飯の相性がいいのは言うまでもない。「永遠に肉を食べ続けられる気がする」

上着を脱いで戦闘態勢に入った五郎は追加注文をしようとするが、看板にジンギスカンと書いてあったのを思い出し、ジンギスカンを注文。常連客の多くが注文していたシビレ（胸腺）も忘れない。

「これは焼肉とはまた違う世界だ。こういう展開もアリだなぁ。ジンギスカン、いいぞぉ！」と言い、気になっていたシビレを食べて「なるほどぉ～、シビれる味だぁ！」と、五郎のテンションはマックスに到達。

「なんだか、体が熱くなってきたぞ！　そう、俺の体は製鉄所。胃はその溶鉱炉のようだ！　うおォン！　俺はまるで人間火力発電所だ！」

一気に食べ尽くした五郎はもう、全身汗だくである。店を出た五郎は言った。

「焼肉は工場の街、川崎がよく似合う。男は見た目とかオシャレを取り払ったら、本質的には工場なんじゃなかろうか……」

つるや

住：神奈川県川崎市川崎区日進町19-7
☎：044-211-0697
営：18:00～21:30（L.O.20:50）売り切れ次第終了
休：火曜日＋不定休

おいおい、玉ねぎの山で豚が見えないぞ
キッチン友

【神奈川県横浜市 白楽の豚肉と玉ねぎのニンニク焼き】

馬の置物好きな神奈川大学の教授に呼び出されて白楽駅に降り立った五郎。うんちくを語ろうとする教授から逃れるように出て、学食名物の神大ソフトで気分を直す。

その後、駅に向かう五郎が迷い込んだのは、旧綱島街道沿いの六角橋商店街の裏側に並んでいる、六角橋ふれあい通りだった。

「この商店街、古いけどしっかり現役だ。なんだか嬉しくなっちゃうな。昭和だ……」

雰囲気のある珈琲専門店でひと息ついてから、「今日はぜひとも、この中で食べて行きたいものだ」と店を探す五郎だったが、どこも決め手に欠ける。

とうとう、通りの突き当たりにさしかかったところで五郎の目に留まったのが、洋食屋「キッチン友」のおかもちだった。

「出前だ。このおかもちだ。決定打だ！ここに決まり」と即決し、狭い階段を登って2階の部屋へと向かう。昭和の香り漂う店内に五郎の期待は急上昇する――。

キッチン友は、ご主人がもともと働いていた洋食屋をオーナーから譲り受け、夫婦二人三脚で半世紀近く続けているお店だ。

神大の学食が新しくなったのを機に学生の数が減ったというが、手作りにこだわり、〝ちゃんとしたものを当たり前に出す〟というこだわりの味が、今でも学生をはじめ近隣の商店街の人々にも愛され続けている。

洋食ならなんでもござれといった感じで、豚、鶏、魚料理のほか、カレーライスやチキンライスなどのご飯ものやスパゲッティなど40種類近くものメニューが揃う。

学生たちがジャンボランチなどを頼んでいるのを横目に迷う五郎だったが、「今日の俺は、スペシャルだ」と心を決める。

そこで五郎が注文したのは、お店自慢のオリジナル鉄板焼料理「スペシャル友風焼き」だった。野菜系も何か欲しくなり、改

あらすじ

出前に使うおかもちを見つけて即決

馬の置物にこだわりを持つ神奈川大学の教授に呼ばれて、研究室を訪れた五郎。ひたすら馬に関するうんちくを語ろうとする教授にややうんざりしつつ、研究室を後にする。その後に迷い込んだのは、昭和の匂いがする狭い路地裏のような商店街。その一角に歴史を感じさせる渋い洋食屋を発見する

(Season2 第5話)

一瞬、五郎がひるむほど山盛りの炒めた玉ねぎが印象深い「スペシャル友風焼き」（1200円）。“発掘”すると下から出てくるのは……

野菜が欲しくなった五郎が注文した「ハムポテトサラダ」（750円）。いちから手作りしているというマヨネーズが、味わい深い

六角橋ふれあい通りを駅に向かって歩く突き当たりの角に佇むキッチン友。軒先にある出前用のおかもちが五郎入店の決定打となった

「何でも揃っているのが嬉しい」と五郎が言うほど、洋食なら何でもござれ。とん汁（400円）もあって、ダシが効いていて具だくさん

めてメニューを眺めると、友風焼きにはみそ汁が付いていないことに気づく。慌てて、豚汁を追加。ハムポテトサラダも忘れない。

汁問題が解決してひと安心しているところに運ばれてきたのは、鉄板の上でジューという音と共に湯気立つきつね色の物体だ。

「コイツがスペシャルか……。おいおい、玉ねぎの山で豚が見えないぞ。でも、食欲がビンビンにそそられる」

豚肉と玉ねぎをワインと醤油で炒めた友風焼きは、サッパリながらしっかりした味。

「濃い味、玉ねぎ。やっぱり玉ねぎはこれくらいの色がご飯にはうまいんだ。ほーら、バチーンと合うぞぉ！」

玉ねぎを口に運ぶうちに豚肉がようやく顔を覗かせると、「なんだか発掘みたいだな」と心躍らせる五郎。「うまい、うまい！　王道学生味だ」と箸が進む。

「洋食屋の豚汁、いいじゃないか。具もタップリ。これひとつでも、充分にメシが食える。う～ん、素晴らしい」

マヨネーズもいちから手作りだという、昔ながらのポテサラもちゃんとおいしい。

「熱いモノが続いた後の冷たいポテサラがまたよい」と、再び友風焼きに箸を伸ばしているうち、さらに〝発掘〟されたのは、素揚げポテトやカボチャとスパゲッティだ。

「このタレの味がついたスパゲッティがまた、いいんだ」

豪快にジャンボランチを食べる学生に触発された五郎は「よし、俺も学生食いといくか！」と、気合いを入れ直す。

「う～ん、気分は学祭蒸気機関車だ！　くべる、燃やす、くべる、燃やす……」

大いに満足した五郎は「今日の俺はまさにスペシャルだ。スペシャリティ五郎だ！　この小さな夢の商店街よ、永遠なれ」

と呟き、通りの出口へと向かうのだった。

たまに出前に使うこともあるバイクには、夫婦二人三脚で続けて60年になる店の名が手書きで刻まれている

キッチン友

住：神奈川県横浜市神奈川区
六角橋1-7-21
☎：045-431-1152
営：12:00～14:30
17:30～20:00
休：水、木曜日

辛い、辛い！ 後からくる。辛さが追っかけてくる！
タイ国料理 ライカノ

【東京都足立区 北千住のタイカレーと鶏の汁無し麺】

かつて宿場町として栄えた千住で、五郎はそれっぽいメシを探してさまよっていた。今の北千住といえば、駅周辺には立ち飲み屋をはじめとした飲食店や、クラブなどの夜のお店が所狭しと軒を連ねている。

「こっちはどうかなぁ？」と裏路地に入り込むと、ちょうど、店から女性客が出てくるところだった。それは、タイ料理のお店「ライカノ」だった。

「女子って、タイ料理好き、多いよなぁ。俺も好きだけど……」

宿場町っぽいメシを探すつもりだったが、女友達の友人が近々始めるアジアンカフェの手伝いをする約束をしていたので、「実地調査にもなって一石二鳥」と、ライカノに決めたのだった。

ライカノは、北千住駅から徒歩3分。駅近のハズなのだが、入り組んだ飲み屋街の路地裏にあるので、非常にわかりにくい。お店の人によると、迷った人には『クラブ熟女』（現在は閉店）の目の前」と教えていたのだとか。

ライカノは、オープンして31年目を迎えるタイ料理店としてはかなりの老舗。タイ人の女性オーナーが自分の住む街に自国の味を知ってもらいたいと始めた本格派のお店で、地元民を中心に愛され続けている。

料理人は本場タイで修行を積んだタイ人のみで、味も本場そのもの。唐辛子の量は少し抑え気味だそうだが、それでもほかのタイ料理店に比べれば辛いほう。さらに「本場仕様で」と頼めば、料理人たちは大喜びで本場並みの辛さにしてくれるという。

そんなライカノで、五郎は女性客ばかりの中にひとりメシ中の男性客を発見。勝手に〝心の戦友〟と位置づけ、お互いに意識しながら注文するのだった。

最初に五郎が食べたのは、「タイ野菜

あらすじ

宿場町っぽいメシを求めて行き着く先は?

かつて、日光街道と奥州街道の最初の宿場町として栄えた千住。北千住駅に降り立った五郎は、再開発された駅周辺の様子に驚きつつも、かの松尾芭蕉も「ここから奥の細道を歩き出したのか……」と思いを馳せているうちに腹が減る。「宿場町のメシと言ったらなんだろう?」と探し始めたのだが……

(Season2 第11話)

タイ流の「汁無し麺　鶏肉トッピング」（1045円）。甘辛しょう油がほどよい味付けで、しっかり混ぜてから食べるとうまい！

辛い料理を食べたい人にはおすすめの「牛挽肉とタイスパイシーハーブ」（1265円）。タイハーブと生の唐辛子が種ごと入っている

31年目を迎えたライカノは、“本場の味”にこだわり続けるタイ料理店。唐辛子だけは少し抑えているが、それでも他店より辛い

料理人は辛い料理が得意。ほかにも人気メニューとして挙げられるのは「パパイヤサラダ」「ヤムウンセン」「トムヤンクン」などだ

五郎が最後に食したデザート「カノムトイ（おもちとココナッツミルク蒸し）」（539円）。タイの温かくて甘い定番スイーツだ

（カイラン）の炒め」。カイランとは、中国発祥でタイではカナーと呼ばれる野菜のこと。食感は小松菜とブロッコリーの中間くらい。シャキシャキとする歯ごたえが特徴だ。甘辛い味付けで、五郎は「うまい！カイラン、うまい！」と食べ続けた。

次に出てきたのが「タイ北東部ソーセージ焼き」。ひと口サイズで、肉の中ににんにくとパクチーが入ったソーセージだ。

さらに、ライカノがおすすめする辛い料理の代表格「牛挽肉とタイスパイシーハーブ」を食べた五郎は、「辛い、辛い！後からくる。辛さが追っかけてくる！」と、テンション上がりまくり。「ムエタイだったら、いきなりハイキックもらっちゃったような感じ」と表現する辛さは、タイ米のライスとともに食べると、さらにうまい。

ライスもまだ残っているので「タイカレーはいっときたい」と注文したのが、「煮込み鶏肉とジャガイモカレー」だ。このカレー、タイではマッサマンカレーと呼ばれるカレーなのだが、グリーンカレーなどと違って甘いカレーなのだ。辛い料理の後にマッサマンを食べて、そのギャップにハマる人続出だという。

もちろん五郎もそのひとりで、「優しい味なんだよなぁ。さっきの牛肉が攻めのエスニックなら、タイカレーは守りのエスニックだ！」と、ガッツいた。

さらに五郎はまだ食べる。初体験の「タイの汁なし麺」は、しっかり混ぜてから食べる汁なし麺だ。「甘辛しょう油。思ってたのと違う。初対面なのに、すぐにうち解けてくるような味だ」

お店を出ようとした五郎はデザートを頼んでいなかったことに気づき、タイ屋台の定番スイーツ「カノムトイ」を注文し、本格タイ料理を堪能したのだった。

タイ国料理 ライカノ

住：東京都足立区千住2-62
☎：03-3881-7400
営：11:00～15:00（L.O.14:45）／17:00～22:00（L.O.21:30）
休：月曜日（祝日の場合は翌日）

第一亭

豚にもいろんな輝きがある。星空のようにさざめいている

【神奈川県横浜市 日ノ出町のチート(豚胃)のしょうが炒めとパタン】

「中心部からちょっと離れただけでぜんぜん違う。横浜にはいろんな顔がある」と五郎が言うように、静かな街並みが続く日ノ出町。「第一亭」はこの日ノ出町で店を構えて65年以上、現在も家族で経営している。

目印は「なんだあれ？ 豚がいっぱい」と五郎が思わず足を止めた、インパクトのある看板。豚足、豚耳、豚尾、豚舌……と、提供している豚の部位が羅列してあるのだ。店名が書かれたもうひとつの看板には、〝ホルモン鍋〟〝ホルモン炒〟の文字が。「中華ホルモン。そう来たか、受けて立とう」と、五郎も一瞬でそそられてしまった。

カウンターにテーブル席、小上がりもある店内は、いつも常連客で大盛況。カウンターの中ではお母さんたちが、ときに大きな炎を上げながら威勢よく調理をしている。

壁にかかったメニューを眺めながら、「ホルモン、モツ、子袋、ハツ、胃に舌に頭まで。全身どこでもありだ」と感心する五郎。麺やご飯ものほうが攻めやすいと思いつつも、「ここはやっぱり豚押しだろう。豚で白いメシ。直球勝負だ。問題は豚のどこにそれを投げ込むかだ」と迷いに迷う。結局、「豚舌」と「ホルモン炒め」、そして目にとまって気になっていた「チート(豚胃)のしょうが炒め」を注文することに。

「豚トリプルは重ねすぎか……」と少し後悔しつつ待っていると、隣に座った常連客が「パタン」なる謎の食べ物を注文。一体どんな食べ物なんだ？ そちらも気になるが、ともかく五郎の料理がやってきた。

いざ料理を目の前にすると、「いい選択だったぞ。食欲がビンビンにかきたてられる」とテンションの上がる五郎。チートのしょうが炒めをひと口食べると、「おいおい、この豚とんでもないぞ。うますぎる。これが豚の胃？ コリコリだと思ってたら

あらすじ

日ノ出町を散策中に見つけた謎の看板

「横浜から２駅でこんな感じなんだ」と日ノ出町を散策する五郎に、商談相手から電話が。アポの時間を間違っていたのだ。出鼻をくじかれながらも仕事を終えたところで空腹に。「伊勢崎町まで出ればなにかあるだろう」と歩いていると、〝豚〟の文字が並ぶ謎の看板が目に入ってきた……

(Season3 第2話)

チート（豚胃）のしょうが炒め（750円）。
コリッコリかと思いきややわらかいギャップが魅力。たっぷりのしょうがで食欲増進!

「どれもこれもにんにく効いてる。だからご飯がバクバクいける」「食えば食うほど元気が出る」と五郎絶賛のスタミナメニューたち

ちょっと入ってみたくなる、古くから続く街の中華料理屋然とした店構え。向かって左側には、豚の部位の名称を羅列した大看板も

パタン(750円)。作るときに包丁の背でにんにくをパタンと潰すので、この名になったとか。味付けはシンプルにゴマ油だれとにんにく

豚舌（750円）。じっくりボイルしているのでしっとりやわらか。ネギとにんにく味噌との相性は抜群

「ホワホワにやわらかい。チートいい！」と、予想を裏切る食感のトリコに。「しょうがってのが、またたまらなくメシをあおる」と、きざみしょうがが効いた味付けも格別だ。

かたやホルモン炒めは、歯ごたえのあるプリップリの食感。濃厚な辛味噌味なので、これまたご飯によく合う。「メシとホルモンと俺。この三角ベースを回り続けていたい」と、白飯好きの五郎は夢見心地だ。

「うーん、ネギで、タンで、味噌ダレ。この組み合わせも最強だ」と五郎を唸らせた豚舌は、生のネギをタンに載せ、味噌ダレをつけていただく。タンがやわらかい。

「豚にもいろんな輝きがある。それがこの店の中で星空のようにさざめいている」。豚の魅力を再発見したかのように、豚づくしの料理をどんどん食べ続ける。

おかずを半分以上食べ終えたところでふと手を止め、ご飯をおかわりするか思案する五郎。そのとき、隣の常連客のもとに先ほど気になっていたパタンが。一見、具がネギのみのシンプルな塩焼そばのようだが、味は果たして……？　元はまかない料理だったのを常連さんが頼むようになったため、メニューには載っていないそうだが、五郎もお願いして作ってもらうことに。

相当にんにくがキツいらしく、「明後日まで残っちゃうよ」と常連さん。半信半疑でズルッといってみると、確かに強烈！　「おぉ〜、にんにくってここまで入れると辛い！　なんか熱くなってきた」。でも止まらない。お母さんのおすすめで、途中からはスープにつけてつけめんのように食べてみるが、これはこれでいい。

すべて平らげた五郎は、「豚に感謝、そしてお母さんたちに感謝」。にんにくのせいで明日も仕事にならないかもしれないが、うまかったから別にいいのだ。

第一亭

住：神奈川県横浜市中区
日ノ出町1-20
☎：045-231-6137
営：11:00〜13:30、16:30〜21:00
休：月、火曜日

こういうシンプル極まりないご飯が一番好きな気がする

わさび園かどや

【静岡県賀茂郡 河津町の生ワサビ付わさび丼】

商用で小説『伊豆の踊子』の舞台となった河津駅に降り立った井之頭五郎。

「あっさり仕事終了。ちょっと観光客になろっかな」と、七滝めぐりをしながら自然を満喫していたところで、五郎がつぶやく。

「う～ん、滝はいい。たぶん、マイナスイオンのせいか、なんだかとても腹が減った。よし、店を探そう」

そんな五郎の目に飛び込んできたのが、伊豆の踊子の看板と、わさびののぼりが立っている「わさび園かどや」だった。

「伊豆に来たからには、わさびものも一発入れておきたい。踊り子さんはあんまり関係なさそうだけど、ここにしよう」

メニューとにらめっこしている五郎は、ひとつのメニューに釘付けとなる。

「生ワサビ付わさび丼？　自らわさびをダブらせたどんぶり……。どんなモノなんだ!?　よ～し！　勝負に出てみよう！」

値段はわずか400円（現在は700円）。ますます想像がつかないので、期待と不安が渦巻くなか、店内を見渡す。そして、「いかにもなお食事処。こういういかにも、好き」と、すっかりくつろぐ五郎であった。

しばらくして店員が最初に持って来たのは、丸々1本の生わさび。店員の言う通り

あらすじ

シンプルイズベストを地で行くわさびの魅力

熱海駅から伊豆急に揺られて河津駅に降り立った五郎。路線バスで河津川の上流に建つ国民宿舎かわづ（2015年に閉館）へ向かう。ここでの商談を終え、鮮やかな緑と滝を楽しみながら、観光客気分で歩いていた五郎は、わさび丼の名店にたどりついた……

（Season3 第3話）

ご主人が2年の歳月をかけて丹精込めて育てたわさびが丸々1本付いたわさび丼。鰹節のかかったご飯に、すったわさびを載せて、しょう油をひと回ししてからかき混ぜて食べるのが流儀。放送直後、あまりにおいしそうだったため、我慢できずにチューブ練りわさびで試す人が続出したそうだ

わさび園 かどや

住：静岡県賀茂郡
河津町梨本371-1
☎：0558-35-7290
営：食堂9:30～14:00
（売り切れ次第終了）
店舗9:30～17:00
休：水曜日

に「まぁ～るく、まぁ～るく」と心の中で唱えながらひたすらわさびをする。そうこうしているうちに鰹節のかかったご飯がやってきた。

すったわさびを真ん中に載せて、しょう油を回りにグルっとしたら、よくかきまぜる。ひと口で、五郎はすでにわさび丼の虜となってしまった――。

「なるほど～、白いメシ好きにはたまらんぞぉ」と唸りながら、「せっかくすったんだし、ガツンといっちゃえ！」と、残りのわさびも思い切って投入。

まさかのわさび丼おかわりで「俺は最終的には、こういうシンプル極まりないご飯が一番好きな気がする」と言わしめた。

この押し寄せるような品数はどうだ
みゆき食堂
【東京都清瀬市のもやしと肉のピリ辛イタメ】

東京都なのに、なぜか埼玉県だと勘違いされやすい清瀬市。そんな清瀬駅に降り立った五郎は、まだ明るいうちから焼鳥を焼き始める光景を見て呟いた。

「心地良いざわつきだ。もう焼き始めているよ。なんか、いいんじゃないの」

取引先に雀荘に付き合わされたのには閉口したが、ひと仕事終えた五郎は、「この街で何を食う？　何がある？」とさまよう。

すると、先ほどはシャッターが閉まっていて気づかなかったが、どうやら焼鳥屋の横にある入口は定食屋だったようだ。

地元の人々に愛されて続けて54年。平日の昼から呑む人も多い「みゆき食堂」だ。

「この店構え、くるなあ～！　おいおいおい、ここ、ひょっとしてひょっとする店なんじゃないの？」と、五郎は一目惚れだ。

五郎の直感は正しかった。のれんをくぐって店内に入ると、そこはまるで昭和にタイムスリップしたのではないかと勘違いしてしまいそうな空間が広がっている。

「この店、やはりただ者ではないぞ。この押し寄せるような品数はどうだ。表のメニューなんて氷山の一角だ！」

もはや、数えることなど不可能に思えるほどのメニューの札が壁にビッシリと貼られている。その数、なんと、約１６０種類！

すっかり、そのおびただしい数に圧倒された五郎は、焦り始める。

「いかん！　店の雰囲気にのまれるな。落ち着いて打つべきボールを見極めるのだ」

が、広い店内の壁一面に貼られたメニューを一望するには無理がある。テーブル席から離れて見渡すも、決まらない……。

「早く決めないと、ジリジリ体力を奪われて思考停止になりそうだ。集中しろ！　動物的勘を研ぎ澄ませ……」

孤独のグルメ史上、最も五郎が注文に迷

あらすじ

ただ者ではないと直感に従って入った定食屋

まだ明るいうちから焼き始めている焼鳥屋が気になっていた五郎。帰りに通ると、その横にはただ者ならぬ気配をひしひしと感じる定食屋があるではないか。「ひょっとするとひょっとする」と、のれんをくぐった五郎の直感は大当たりで、確かにその定食屋はただ者ではなかった……

（Season4 第1話）

ニラや人参も入って「ピリ辛指数、俺にジャスト！」と、値段にも量にも五郎が大満足した「もやしと肉のピリ辛イタメ」（390円）

「食堂のぎょうざだ」と、五郎が喜んだ、どこか懐かしい味のする「ジャンボぎょうざハーフ（3ヶ）」（330円）。6個入りは500円

西武池袋線「清瀬駅」南口から徒歩1分。時が止まったような外観に一目惚れした五郎に「定食屋の鑑だ」と言わしめた食堂なのだ

焼き鳥（1本130円）。みゆき食堂入口の隣にある持ち帰り専門のやきとり佐賀屋の焼鳥は、みゆき食堂でも注文することができる

ったと思われるが、無理もない。それでも、何とかもやしと肉のピリ辛イタメとジャンボぎょうざハーフ、味噌にんにく青唐辛子入りのほか、ご飯と味噌汁を注文した。

　最初に登場したのは、ボリュームタップリ大満足のもやしと肉のピリ辛イタメだ。

「きたかっ！　これ、これ。そそるなあ〜！」と、テンションが上がる五郎の期待以上のひと品。「ピリ辛指数、オレにジャスト。これだけの量でお値段たったの３００円（当時。現在は３９０円）。定食屋の鑑だな……」と、感服する。

最近では、焼鳥以外の五郎が注文した品々が揃った定食「五郎さんセット」（990円）も用意されている

　次にやってきたのは、白いご飯に最強コンビの味噌にんにく青唐辛子入りだった。「これだけでもご飯１００杯くらいいけるんじゃないか？」と言うのも大げさではない。

　隣の常連客らしき男性が焼鳥を注文している。どうやら、先ほどの店の入口隣にあった焼鳥屋から注文できるらしい。すかさず焼鳥も１本、注文したのだった。

　そこに出てきたのが、ジャンボぎょうざハーフ。ハーフなので３個ではあるが、ひとつひとつのサイズはやはりジャンボ。どこかなつかしい味のするぎょうざだ。

　その後に登場した出前の焼鳥もちゃんとおいしい。焼鳥をおかずにご飯を食べるのが良かったのか、笑みがこぼれる。

　しかし、五郎に「コイツが今日のＭＶＰだ」と言わしめたのは、やはり、ご飯のお供として最強の味噌にんにく青唐辛子入り。「いいモノに出会えた。青唐、ナイスプレイ。いいメシだ……」

　五郎は「俺の直感を上回る想像を超えた店だった。何より安くてちゃんとうまい」と唸ったが、まさにそのとおり。「安くても手を抜いた料理は出したくないし、量的にも満足してもらいたい」という店主の心意気が伝わる〝定食屋の鑑〟なのだ。

みゆき食堂

住：東京都清瀬市松山1-9-18
☎：042-491-4006
営：11:00〜21:00
休：月曜日・木曜日・日曜日

期待を裏切らない貫禄、品格、風貌だ！

いろり家

【神奈川県 足柄下郡箱根町のステーキ丼】

小田原駅発の箱根登山電車が、宮ノ下駅に滑り込む。思えば遠くまで来たもんだ、と言わんばかりの表情を浮かべ、五郎がホームに降り立つ。

「箱根もすっかり夏だ」。山々の澄みきった空気にも癒やされ、仕事で来訪したにもかかわらず、すっかり心は旅行気分。「せっかくの箱根、仕事終わったら、ぶらっとするか」。終わる前から、上の空だ。

駅から坂を下り、ギャラリーカフェに到着。ここでイギリスの切り絵作家の知人の個展を開催しよう、と思い立ったのが訪問の理由だ。商談の合間にお茶でもどうぞ、と勧められ五郎が口にしたのが、〝ならやんごまあん〟。自分で餡を詰める最中だ。へらでゴマ餡を入れ、表面を奇麗に平らにしていると「左官屋さん気分だ」と五郎。瓢箪型の最中はほどよい甘さで、一緒に供されたコーヒーのほろ苦さとなんとも合う。

商談もまとまり、上機嫌に店を出ようとした五郎の目に留ったのが「宮ノ下・小涌谷ノスタルジック散策路」と題された地図。また旅心に火がついたのか、道草こそ旅の醍醐味と、ぶらり歩きの開始だ。

店を出て、視線を上方に凝らせば、線路沿いに細い道が見える。勾配のある階段坂を上がり、緑深い、その小道をのんびり歩く。他にも幼稚園を訪れ、ブランコに乗ったり、束の間のノスタルジーに浸る。

しかし郷愁も食欲には勝てない。むしろそれが醒めれば、なおさら空腹は耐え難い。

地図を見る五郎。一番近いのが「いろり家」だ。しかし街路の看板とおりに行っても、なぜかたどり着けない。ようやく見つけたら、外見は普通の家。いったい何が食えるのか、見当もつかない。「当たってくだけろ。ダメなら後で温泉に飛び込んで忘れれば良い」。五郎は心を決める。

あらすじ

箱根の迷路に海・陸の王者あり

商談で箱根を訪れた五郎は、夏の山道を迷いながら散策するうちに、一軒の店にたどり着く。ランチはステーキ丼かアワビ丼かの二者択一、悩みに悩んでステーキ丼を選んだ五郎。足柄牛のステーキのあまりのうまさに、まるで箱根駅伝の往路復路を自分で走りきったような満足感に浸るのだった

(Season4 第3話)

ランチの足柄牛ステーキ丼（2200円）。ステーキソース、わさび、温泉卵を添えて食べるのも良い。ご飯にはソースがまぶしてある

温泉卵をかき混ぜてステーキにかけてやれば、すき焼き風に早変わり。絡み合った卵の甘味が肉のうま味をより引き出してくれる

五郎に「箱根の秘密基地」と言わせたほど、わかりにくい場所にある。近くまでいけば看板が出ているので、見落さずに目指そう

揚げ茄子も滋味深い味。香ばしさの中にも、よく味が染みている。旬の地場素材を生かした気の利いた酒肴を取り揃える

ランチのアワビ丼（2200円）は磯の香り高く、上品な味わい。米は紫黒米（古代米）を使用している

どうやら母娘で切り盛りする店のようだ。入って黒板を見ても、居酒屋のおつまみメニュー。いったい何が食えるのか、また迷宮入りの五郎。「暑かったでしょ、はい、どうぞ」。おしぼりと水をくれたお母さんが一言、「ランチはステーキ丼とアワビ丼の２種類から選べます」。一瞬、視界が開けたように見えた。が、またもや五郎は道に迷う。「まさかの展開。陸の王様と海の王様がお出ましとは」。究極の選択すぎて、選べないのだ。お母さんによれば、ステーキは足柄牛、アワビは蒸し焼きにして肝と和えて供するという。散々、悩んだ挙げ句、五郎は「いっそのこと、両方」とも思う。しかし、それは無粋だ。「よし、いや待て。やっぱりよし」。迷いながら、決断する。「ステーキ丼をお願いします」。決まってよかったですね、と笑う娘さんの姿。

これもまた悩んで頼んだ、旬野菜のゴマ和えと芦ノ湖ワカサギの南蛮漬けが登場。季節ものとご当地ものを味わい、調子づいた頃に、ステーキ丼のお出ましだ。

「うん、期待を裏切らない貫禄、品格、風貌だ」。恭しく、まずステーキだけを食す五郎。「おお、俺の決断は間違っていなかった。この噛みごたえ、この充実感」。今度はおろしポン酢につけて。「王を讃え、引き立てている」。肉とご飯を一緒に味わい、その後も箸、レンゲ、箸、レンゲと忙しなく、動かし続ける。「ステーキという狩猟民族の王様を、どんぶり飯に乗っけて迎える農耕民族日本人」と話が大きくなり、食べ終わる頃には「うまさの箱根越え」を宣言する五郎。

「やっぱり肉はいい、体が燃えたぎる」と確信したが、お勘定を終えた帰り道、「今度来たら、アワビ丼かな」と、もう次の来訪を決めているのだった。

いろり家

住：神奈川県足柄下郡箱根町
宮ノ下296
☎：0460-82-3831
営：11:30〜13:30（L.O.）／
18:00〜21:00（L.O.）
休：木曜日

明太クリーム正解。カツサンド正解

まめぞ

【東京都台東区 鳥越の明太クリームパスタとかつサンド】

　モデルガンマニアからの依頼で商品を届けに新御徒町駅に降り立った五郎。下町風情が色濃く残る町並みを歩いていると、五郎の心を鷲掴みにする商店街が現れる。

「おかず横町……。グッとくるネーミング」

　ここ鳥越は、もともと町工場が多い土地。共働き夫婦も多く、おかずを揃えられることで重宝され、繁盛してきた商店街だ。

　思わず夢中になってしまった五郎は、翌朝の炊きたてご飯のお供に漬け物とカボチャの煮物を買う。が、その翌朝のメシを想像していたら、腹が減ってしまった。

「このへん、きっといい店がある」

　そんな五郎の目の前にメニューが書かれた看板が。メガエビフライに惹かれた五郎は、「こんな喫茶店メシもたまにはいいかも」と思ったが、よく見ると「ちいさな居酒や」と書いてあるではないか。「喫茶店で食おうが居酒屋で食おうが、エビフライはエビフライだ。下戸、ビビるなかれ」と突撃したのは、猫好きなご夫婦が「どんなお酒にも合わせられるように」と構成したメニューが並ぶ「まめぞ」だった。

　店内の壁一面には、愛猫を中心に猫写真が貼られている。厨房脇には、スペイン産のハモンセラーノが鎮座するかと思えば、干しホタルイカやにぎす干、刺身類など、富山湾直送の魚も充実しているではないか。

　ランチも10種類以上あるかと思えば、パスタも8種類と、居酒屋らしからぬラインナップ。しかも、お店の名物料理はかつサンドと、もずく雑炊らしい。

「なんだろう、この店。中心が見えない」

　迷った挙げ句、五郎が注文したのは、一人なら充分な量だという生ハムのハーフサイズ明太クリームパスタだった。気になった「せんちゃんサラダ」がどういうものか聞く、キャベツの千切りにパルメザンチー

あらすじ

下町情緒残るおかず横町の絶品メニューに出会う

頼まれた商品の納品で新御徒町に向かった五郎。下町情緒たっぷりの「おかず横町」で翌朝のおかずを調達しているところで、急激に腹が減る。そこで見かけた飯屋は、喫茶店かと思いきや、ランチ営業もする居酒屋だった。一瞬、ためらった五郎だったが、「下戸、ビビるなかれ」と突撃する……

(Season4 第7話)

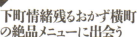

居酒屋にしては珍しく8種類とパスタのメニューが充実している中から五郎が選んだのは、「明太クリームパスタ」（1100円）だった

お一人様ならハーフでも充分な量の生ハム（605円）。スペイン産のハモンセラーノだが、これに合う日本酒も用意されている

どんなお酒にも合わせられるようにと、バラエティ豊かな絶品メニューが揃う居酒屋。五郎が「中心が見えない」と戸惑うのも納得だ

もともと人気メニューだった、名物「かつサンド」(990円)。実物はけっこうボリューミー。持ち帰りするには、事前予約が必要だ

思わず五郎が「ナメとんのか」と言いつつも注文したせんちゃんサラダ（550円）。キャベツの千切りとは一線を画す、絶品サラダ

ズがふりかけてあるサラダで、シーザードレッシングで食すのだという。「キャベツの千切りでせんちゃん？　ナメとんのか」と思いつつも、素直に注文した。

最初にやってきたのは、〝問題の〟せんちゃんサラダである。パルメザンが効いていて、「せんちゃん、よい」と納得の味だ。

そこに登場したのが、生ハム。一般的にはワインに合わせるが、まめぞでは厳選した日本酒と合わせることを勧めている。が、そこは下戸の五郎だ。「せんちゃんとの相性もいいに違いない」と合わせてみて、「ほ〜ら、バッチシ」とご満悦である。

お店自慢の明太クリームパスタも箸でモリモリと食しながら、五郎は呟いた。「うん、明太クリーム正解。パスタ、うまい。ソースに負けてない」

そこに常連客が入ってくる。にぎす干を頼んだのを見て、思わず五郎も注文した。「深海魚だけに深い味わい。これはこれでアリだ」と言いつつも、パスタとの連携がイマイチなことに気づく。それでも、「男は一度決めた注文を後悔すべからず。進撃あるのみだ」と、一気に食べ尽くした。

満足したところで思い出したのは、この店のかつサンドを大絶賛していた地元主婦の会話である。持ち帰り用にかつサンドを注文したが、けっこうなボリュームながらも、出来たてがおいしいのでひと切れだけでも食べていくよう勧められる。

食べてみると、フルーツがたっぷり使われた特製ソースが効いていて予想以上のうまさ。「今まで積み上げてきた俺のかつサンド経験に、今、まったく新しい1ページが開かれた」と五郎。ひと切れだけのつもりが、ついつい完食してしまうのだった。「世の中にはまだまだ、驚くべき店がひそんでいる」と呟き、五郎は店を後にした。

まめぞ

住：東京都台東区鳥越1-1-5
☎：03-5829-9877
営：<月>18:00〜22:00
（L.O.21:15）
<火水木金>18:00〜22:00
（L.O.21:15）／ランチ11:30〜14:00（L.O.13:30）
<土>18:00〜21:00
（L.O.20:15）
休：日曜、祝日、土曜日不定休
（ランチは月土日、祝日）

肉を焼いて米を喰らう……俺は稲田堤の幸福な獣だ

炭火焼肉 寿苑

【神奈川県川崎市　稲田堤のガーリックハラミとサムギョプサル】

　高度経済成長とともに発展を遂げてきた多摩エリア。東西に長い川崎市の西側に位置する稲田堤が今回の舞台だ。娘の嫁入り道具をヨーロッパ製の家具で揃えてやりたいというクライアントとの商談に、五郎は南武線の稲田堤駅に降り立った。布団屋を営むクライアントとの商談を終えた五郎は、ふと子を思う親の気持ちと独身の自分に感傷的な気分になったのもつかの間、朝から何も食べていないことを思い出す。個人店が軒を連ねる昔ながらの商店街を歩く五郎が「焼鳥……う〜ん、香りはそそられるが……」と焼鳥屋の誘惑をやり過ごした先にたどり着いたのが、稲田堤に根を下ろして27年あまり、「炭火焼肉　寿苑」だ。

「この外観で焼肉……しかも『寿』……まさに俺におめでとうだ……入るしかないだろう」と頷く五郎。

「いらっしゃ〜い。こっちでいい？」と威勢のいいオモニに奥のテーブル席へと案内される。ジャケットを脱ぎ、さっそくメニューをチェック。タン塩、カルビ、ハラミと悩んでいるところで目に入ってきたのが、ガーリックハラミを猛烈にプッシュする貼り紙だった。

「OK、乗った」と決断した五郎は、ガーリックハラミとタン塩に浅漬けのキムチにライス、そしてウーロン茶をジョッキで注文する。七輪を目の前にセットされるや「あ〜炭の炎が俺の溶鉱炉に火を入れたぞ。早く、肉を食べたい！」と前のめりになる五郎。そこにオモニがタレの入った容器を持って登場する。

「うちのタン塩は、ゴマ塩とゴマ油で食べるの」と説明しながら、タレを作ってくれる。興奮を抑えつつトングでタン塩4枚を七輪に載せる五郎。「分厚いなぁ〜」「脂が浮いてまいりました」と心を躍らせる。ー

あらすじ

川崎の西端で出会ったインパクト大の焼肉店

多摩川にも近い昭和の風情が残る街・稲田堤を訪れた五郎。娘の嫁入り道具をヨーロッパ製の家具で揃えたいというクライアントとの商談を終え、朝から何も食べていないことを思い出した。商店街をさまよった末にたどり着いたのは、インパクト大のメニューで地元民を魅了する名店だった――

(Season5 第1話)

ガーリックとネギを軽く落としてから焼くガーリックハラミ（1500円）。食べるときに皿に落としたガーリックとネギをのせると唯一無二の味に

「肉の厚さ、切り方には神経を使っている」というオモニ。その日入ってくる肉の状態次第で問屋にダメ出しすることもある

青地に白い「炭火焼肉　寿苑」の文字が人目をひく。20年以上、地元の人に愛され続けた歴史を感じさせる趣きのある外観も魅力だ

放送時、五郎が食べたタン塩。あふれ出る肉汁、その歯ごたえも絶品だ。現在は、厚切りタン（1700円）あるいはねぎタン（1760円）として提供

口で食べるにはあまりに肉厚なタン塩はハサミで好みの大きさにカット。ゴマたっぷりの特製タレで食べるのが寿苑流だ。さっそく白飯とタン塩を交互に食すと「このゴマはダレダレ。う～んご飯にもいける……これは一つ利口になった」と大満足。そして注目のガーリックハラミが登場する。

「ちょっと貸して」とオモニが、焼き方を説明しながら、1枚を網にのせてくれる。「ガーリックを少し落として焼いてね。そうしないと焦げちゃうから」とオモニ。焼けたら、皿に落としたガーリックをのせていただく。

「うわっ、そういうこと！　なるほど！　ザ・ガーリック。これはヤバい。ガーリックハラミ、ニンニクパンチ炸裂」。インパクト抜群のうまさにノックアウト寸前だ。

　さらに豚サムギョプサルと上カルビを注文する。上カルビを塩かタレかで悩む五郎だったが、塩を注文して特製タレと塩の2つの味で食べる、オモニのおすすめに従う。まずは焼きあがった豚サムギョプサルをハサミでカット。キュウリとネギをのせて食べさせるのもオモニのアイデアだ。「これはブタウマ！　肉の漬け込みがいい！」。白飯との相性は言うまでもない。

　そして待ってましたの上カルビ。ネクタイを緩めて「いくぞ、カルビ！　闘争心がかき立てられる」と戦闘モード。白飯をお代わりしてタレと塩、さらにキムチ、サービスで出してもらった塩辛をおかずに白飯を一心不乱に流し込む。

「肉を焼いて米を食らう……野性の日本人だ。ほかに何がいる？　俺は稲田堤の幸福な獣だ」と一気に食べきる五郎。

「あ～食った食った……これでちょっと、ごろっとできればなぁ」と極上の満腹感に満たされて店を後にするのであった。

放送時、五郎が食べた厚切りの上カルビ（1500円）とネギとキュウリでいただく豚サムギョプサル（1040円）。現在は、付け合わせのねぎサラダの代わりに熊本県産のサンチュでくるんで食すのがおすすめだ

炭火焼肉 寿苑

住：神奈川県川崎市多摩区
　菅1-3-11
☎：044-945-2932
営：〈月水木金〉17:00～22:00
　〈土日祝〉16:00～22:00
　21:00入店締切
　21:15最終ラストオーダー
　現在90分の時間制。
　60分後にラストオーダー
休：火曜日、第二月曜日

海のない埼玉で、おいしいシーフードランチができるとは

厨sawa

【埼玉県越谷市　せんげん台のカキのムニエルとアメリカンソースのオムライス】

「せんげん台ってこういう町なんだ」。久々の埼玉訪問のため、新鮮な気持ちになる五郎。商談相手はカラオケ屋のママだ。

しかし道に迷ってしまう。立ち止まる五郎を尻目に、地元民はスイッと自転車で通り過ぎていく。「どっかで間違ったか？　しっかし自転車多いなぁ」。チリンチリン。自転車のベルが鳴る。「ねぇ、危ないよ」と小さな女の子にも怒られる始末だ。

川沿いを歩けば、「シチューのおいしい季節になりました」という立て看板が。思わず吸い寄せられるが、「違う。ここじゃない」と地図の向きを変え、五郎はようやく得心する。「なんだ、向こう岸だったのか」。「カラオケ・テン」のママは、アンニュイな雰囲気の女性。しかも自分は霊感の強い人間なのだという。「最近、カラダ悪くしなかった？」と先日、腰を痛めたことを言い当てられたことに驚く五郎。思わずたじろぐが、「客商売しているから、勘が鋭いだけよ」と言われ、からかわれていたことに気づく。

無事、商談は成立。道に迷ったこともあり、どっと疲れを覚えたが、胃袋だけは元気だ。しかしここは住宅街。駅に戻ることも考えるが、「あ！　さっきのシチューの店」。立て看板を思い出す。

改めて見ると、素通りしそうな、おとなしすぎる外観だ。「通りすがりのこの店を思い出した俺、殊勲賞」と独りごちながら、店内へ。運ばれてくる料理に歓喜する客を見て、五郎は大当たりを予感する。

「こちら期間限定のカキのメニューです」。家族経営の店らしい、席に着くとお母さんが説明する。「うぉー、カキ来たか！」とうれしい悲鳴。「シチュー屋さんのオムライスってフレーズもかなりそそる。ん？　アメリカンソースのオムライス？」。有頭エビを丸ごと使って、ミソのうま味を十分

あらすじ

濃厚エビのうま味漂うシチューのオムライス

カラオケ屋のママにグラスをオーダーされて、五郎はせんげん台駅に降り立つ。久々の埼玉訪問だったからか、迷子に。目的地を探して住宅街を迷っているうちに、シチュー屋らしき看板が目に留まる。その後、無事に商談を済ませた五郎は、いつものように空腹を感じ、先ほどのシチュー屋へ向かう
(Season5 第11話)

カキのムニエル・こがしバターソース（2480円）。海の滋味が閉じ込められている。松の実も食感にアクセントを加える

アメリカンソースのオムライス（1980円）。ソテーした有頭エビを潰してブイヨンなどを加えたソースは、出色のおいしさだ

2001年に開店。看板メニューはシチューだ。これをオムライスに合わせたら、たちまち人気になったという

ブルスケッタ（700円）。ニンニクとオリーブオイルの風味が、トマトのみずみずしさを引き立てる。パンも香ばしい

五郎のセレクト。自家製ババロア・黒蜜きなこは（450円）。お酢ドリンク（530円）は季節ごとに味が変わる

に出した濃厚なソース、との説明書きに「魅惑ワードの連打で倒れそうだ」と五郎。表の看板はシチュー推しだったが、オムライスにも惹かれる。

苦悶の末、カキのムニエルとアメリカンソースのオムライス、隣の客が食べていたブルスケッタ、お酢ドリンクも注文する。「お料理、少しお時間いただきますので、お待ちくださいね」とお母さん。厨房の店主と息子にオーダーを告げる。水割りのお酢ドリンクは、ぶどう味。イチゴ、バナナなど、季節でフルーツを替えるそうだ。

「ウマ酸っぱくて、絶対カラダによさそうだ」。今度は、ブルスケッタ。「ニンニクが食欲を燃え上がらせ、トマトとパンがそれをなだめている。これ以上ない前菜だ」。メインへの期待が高まる。

「お好みでレモンを搾ってください」。カキのムニエルが登場する。こがしバターソースの香りに、たまらずパンを追加する五郎。カキをじっくり楽しみ、「食べる前からわかってたんだ」と、ソースをたっぷりパンに塗って食べる。次は先ほどのトマトのように、カキをパンにのせ「どうだ、オイスターブルスケッタ」と上機嫌だ。

アメリカンソースのオムライスは、濃厚なエビの味というだけでは言い尽くせないうまさだ。「ハッタリのない、芯が通ったおいしさ。このソース、全然チャラチャラしてないアメリカン！」。エビ、イカ、ホタテ入りもうれしい。

「海のない埼玉で、おいしいシーフードランチができるとは」。パンにアメリカンソースをつけながら、「食べ物に国境はいらない」とも思う五郎。デザートの「自家製ババロア」も黒蜜きなこ味で、和洋折衷の一品。

「あぁ、全部、うまかった。たまげました」

厨 sawa

住：埼玉県越谷市
千間台西1-23-16
☎：048-978-3144
営：ランチは11:30～と
12:45～からの二部制で
14:00クローズ、18:00～21:00
休：月曜日

ちゃんとしたすき焼きで白いメシ。最高の贅沢

しゃぶ辰

【東京都豊島区 西巣鴨の一人すき焼き】

「おばあちゃんの原宿」こと巣鴨から都営地下鉄三田線で一駅の西巣鴨駅を歩く五郎。クライアントの依頼で、貸店舗の内見をするために不動産屋へやってきたのだ。自分が借りるわけでもないのにエントリーシートまで書かされ、釈然としない。挙げ句に名字を間違えられ、複雑な気持ちになりながらも無事内見を終えた五郎は、西巣鴨の商店街をぶらぶらと歩きだした。古きよき昭和の雰囲気にほっこりしたところで、ふと腹が減ってきたことを自覚する。

早速、きびすを返して商店街へと戻る。「西巣鴨で俺が食べるべきものは……」と店探しをしていると、巨大な「肉」という文字の看板が目に飛び込んできた。肉の文字に空腹を煽られた五郎は焼肉屋に決めかけるが、内見した物件の鍵を不動産屋に返し忘れたことに気づく。焼肉屋に心を残しながら不動産屋へと舞い戻るはめに……。

鍵を返して不動産屋を出た五郎。先ほどの焼肉屋まで戻るか迷っていると、「すき焼しゃぶしゃぶ」の看板を見つけて止まる。地元の人から愛され続け、今年で開店から30年になる「しゃぶ辰」だ。ランチメニューの「上州牛しゃぶしゃぶ定食」、「上州牛すき焼き定食」の文字に惹かれた五郎は、決心を固めて店の中へ。

店内へ入るとU字形の珍しいカウンターが広がっている。若女将に渡されたメニューを一応は眺めるが、すでに心はすき焼きに決まっている。2500円の「上州牛すき焼き定食」（当時。現在は「黒毛和牛すき焼き定食」で2980円）と1000円の「国産牛ロースすき焼き定食」（当時。現在は1280円）で迷う五郎だが、「初物はケチらず高い方をいこう」と思い切って、「上州牛すき焼き」を注文。

若女将がおたまを持ってきて、五郎の目

あらすじ

西巣鴨で発見した一人すき焼きができる店

懐かしい昭和の雰囲気が漂う西巣鴨の商店街。そこで五郎が見つけたのは一人すき焼きができる店だった。ちゃきちゃきした感じのいい女将が運んできた脂ののった肉、野菜を、大好物の生卵に絡ませて、五郎は極上の一人忘年会を堪能する。そして、最後の締めは……

(Season5 第12話)

上州牛すき焼き定食（現在は「黒毛和牛すき焼き定食」として提供。ランチ：2980円、夜：3980円）。昼も夜も大人気のメニュー。ボリュームたっぷりなのがうれしい

精肉店も経営しているので、高いレベルの肉を破格の安さで提供している。肉の質には「自信がある」というのも納得だ

店長の地元・西巣鴨でオープン。2階は座敷になっていて宴会などでにぎわうことも多いという

すき焼きには欠かせない生卵。五郎のようにお代わりすることもできる。どんなに満腹でも卵さえあればいくらでも食べられてしまう

の前のテーブルの蓋を外すと、なんと鍋穴が。どうやら客一人一人専用の鍋穴があるらしい。カウンターの下にはガスコンロがずらりと並んでいる。一人すき焼きにはうってつけのシステムを面白がっていると、卵、割り下が運ばれてきた。とうとう鍋が運ばれてくるがなぜか脂しかのっていない。「あれ？　定食っていうから、出来上がったすき焼き鍋が出てくると思っていたのに……」と不思議がっていると、霜ふりの牛肉が大皿でやってきた。「おぉ、シモ、フリフリ……」。鍋に肉をくべながら「一人鍋会」を楽しむ五郎。牛肉、白菜、しいたけ、ネギ、しらたき、えのき、豆腐を、鍋の中にきれいに盛り付け、割り下を注ぐ。ぐつぐつ鍋が煮えたぎり、いい感じに。

上州牛すき焼き定食には、白飯、味噌汁、うどん、食後のコーヒーまでついてくる

牛肉を1枚つまみ、トロリとした生卵につけて口に中へと運ぶ。「すき焼きだ、感動的にすき焼きだ……」と肉のおいしさを噛みしめる五郎。「全卵の食べ方の中で、すき焼きの生卵が一番好き」な五郎の感動は止まらない。

第二陣の肉や野菜を入れると、すかさず女将が割り下を追加してくれた。ついでに大好物の卵もお代わりする。「さすが、絶妙の間で助け舟を出してくれる」と感心する五郎。

お次は鍋と一緒に出されていた味噌汁にも手を伸ばす。味噌汁の中には豚肉。白飯と味噌汁と牛肉をかわるがわる口に放り込んでいく。「昼からちゃんとしたすき焼きで白いメシ。最高の贅沢」と大喜びだ。そして、牛肉2枚をご飯の上にのっけて、その上へ卵をかけたものに七味を振り口の中へ。そして最後はうどんを鍋に投入し、「こういう庶民味。超好き。商店街の味わい……」と大満足の五郎。

しゃぶ辰

住：東京都豊島区西巣鴨4-13-15
☎：03-3910-1020
営：〈月火木金土日〉
11:30～14:00（L.O.13:30）、
17:00～20:00（L.O.19:30）
休：水曜日、第2日曜日

串かつのウスターソースは大阪人の血液だ

串かつ・どて焼 武田

【大阪府大阪市 平野区の串かつ】

久々の大阪出張。阿倍野区・美章園で最初の商談を済ませた五郎は、大阪名物のお好み焼き、焼きそばなど、〝コナモン〟づくしの昼食を取る。「ああ、食った食った」と満腹の五郎。しかしこれから、もうひと仕事。タクシーを拾って、関西本線・平野駅最寄りの美容室との商談に向かう。

商談は滞りなく終わり、帰ろうとする五郎だが、タクシーで来たために駅への道がわからない。店主に行き方を教えてもらい、駅へ向かって歩きだす。

住宅街を歩いていると前方から小学生が現れて「ただいま」と言う姿が見える。そして「おかえり」の声を聞き、その先に目をやると、お寺があり門の脇には屋台が見える。雨よけだろうか、シートに覆われていて、暖簾には「串かつ どて焼」の文字。「あぁ、やり残してることがあった」と五郎。そうだ、大阪名物を食わずして、東京に帰ることができようか。

中に入ると、屋台なのに立ち飲み屋の雰囲気。フライヤーは串カツを揚げる準備は万端で、鉄板にはどて焼が並んでいる。客は五郎のみ。店を切り盛りするおばちゃん2人は、どうやら姉妹のようだ。

「はい、エビとキスです」と調理担当のお姉さんが、揚げた串を差し出す。

「あちっ！」。五郎は串を掴んで叫ぶ。おしぼりを使うように言われ、再度トライ。「二度漬け禁止」と心に言い聞かせながら、ソースに浸す。

「串かつのウスターソースは大阪人の血液だ」。五郎はそう思いながら、しみじみ噛みしめる。串かつの具材を準備するのは妹さん。屋台ながら、タネの種類は豊富だ。

「あの、奥の赤いお肉はなんですか？」と興味津々のヘレ肉、「それと、あの肉で巻いてる……」と興味を引かれた「ニラを豚

あらすじ

絶品・串かつ屋台は寺横のロケーション

大阪出張で最初の仕事を済ませた五郎は、平野へ移動。もうひとつの商談を済ませる。駅まで歩く途中「串かつ・どて焼」のシートの屋台を見つけ、寄り道。エビ、キス、串かつのヘレ（ヒレ）などを食べる。さらにはこんにゃくも気になり、五郎はその後も次々に注文。屋台を満喫するのだった

(Season6 第1話)

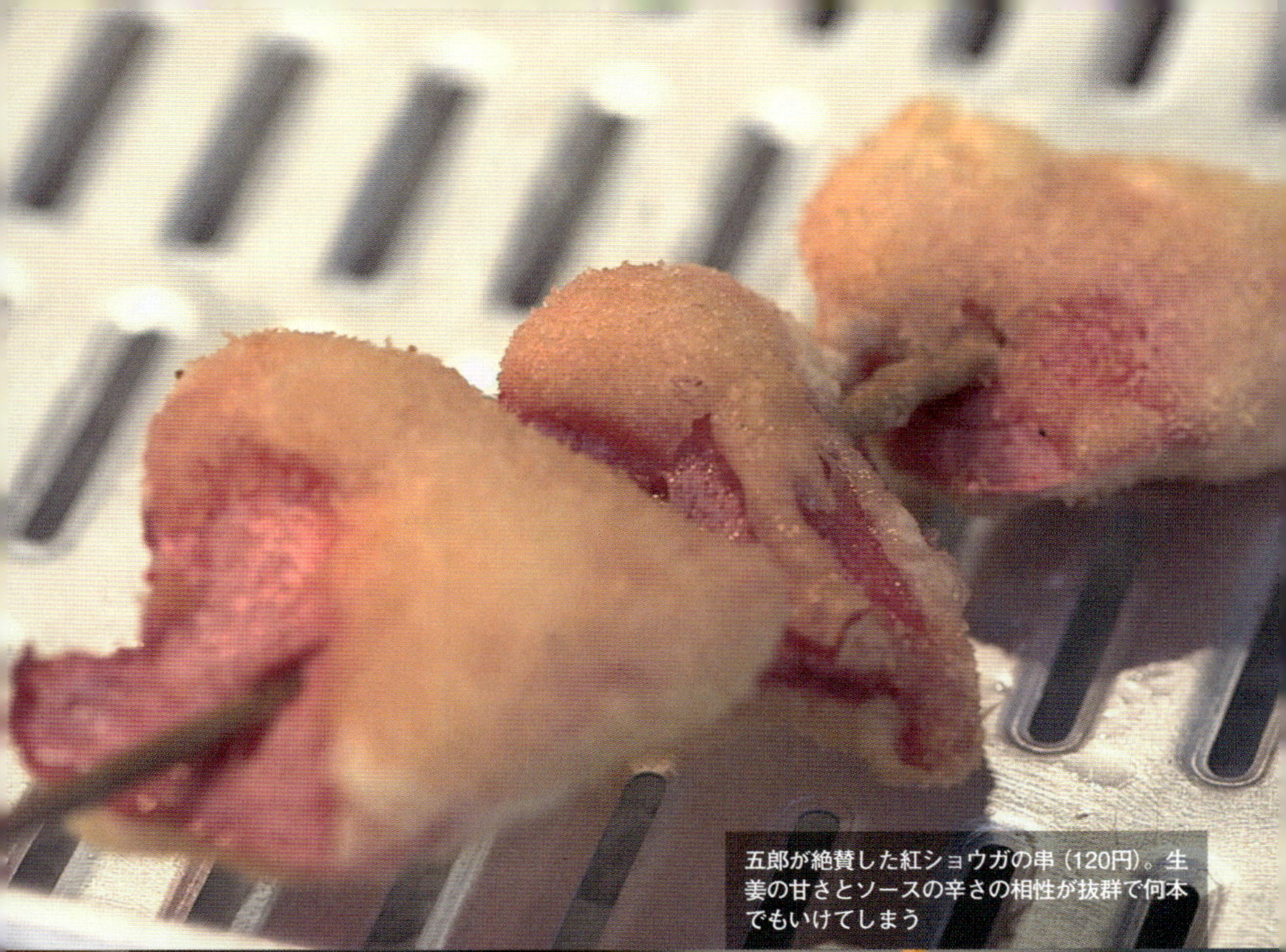

五郎が絶賛した紅ショウガの串（120円）。生姜の甘さとソースの辛さの相性が抜群で何本でもいけてしまう

どて焼（120円）。味噌やみりんにたっぷり漬かった串は見ているだけでよだれが止まらない。ビールのつまみにも最高

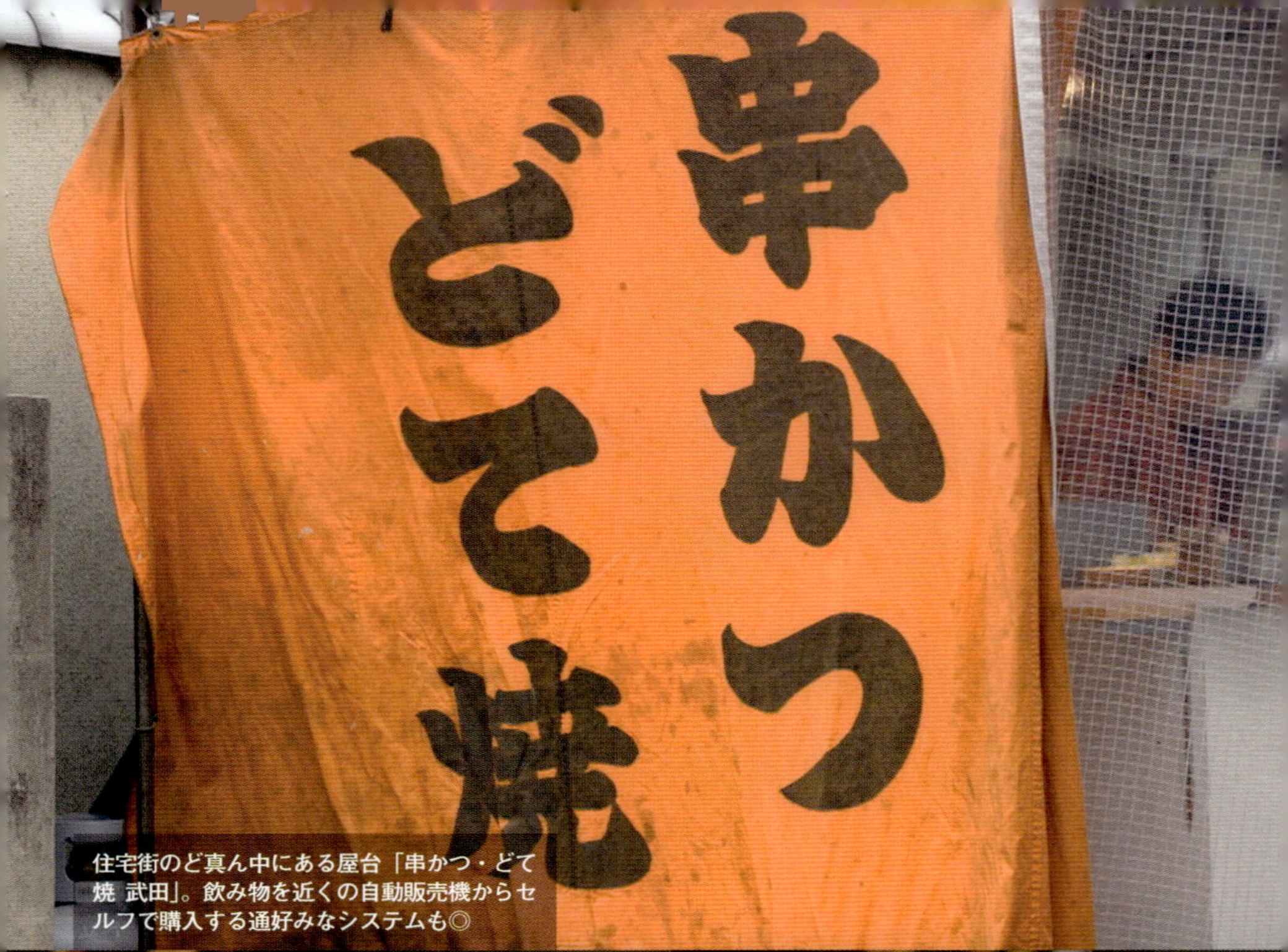

住宅街のど真ん中にある屋台「串かつ・どて焼 武田」。飲み物を近くの自動販売機からセルフで購入する通好みなシステムも◎

ニラの豚巻き（120円）と豚ヘレ（200円）。串の多くが200円以内なので、いくら食べても財布に優しい。食べ過ぎにはご注意を

エビ、キス、串かつのヘレ（ヒレ）、こんにゃく……
など豊富な種類の串の中から選ぶのも楽しい

で巻いている」ニラ巻きを注文する。

「うわ、このヘレ。うまし、やわらかし」。

おまけに衣が軽いから、肉のうま味がダイレクトに飛び込んでくる。今度はニラ巻きに手を伸ばす。「お～、こうくるか」。肉にはしっかり火が通り、ほどよく脂が滴っている。が、ニラは、みずみずしさを湛えたまま。甘さが口にただようのだ。

感動しきりの五郎。お次は紅生姜だ。

「デカい。しかも、生姜にソースって合うのか」。かぶりつくと、特有の酸味はなく、甘い。「ソースと相性抜群。これは新発見だ」。「すごくおいしいです」と姉妹に告げる五郎。何か飲みたくなり、普段ならウーロン茶といくところなのだが「油ものには炭酸だ」とも思う。「そこの自販機で買ってもらうんです」。なんと斬新な手法だろうか。一旦、屋台を出て、炭酸飲料を買う。リフレッシュしたら、今度はどて焼き。おろし金で、生姜をすって提供される。七味を振って、パクリ。「うわぉ、うまい！ 俺スジ大好き。今までに食ったのと全然違う」と感動。味噌に、生姜がいいアクセントだ。

気づけば、新規の客が。お父さんと女の子は「ビールとこんにゃくください。味噌つけて」「私は、うずらとウィンナー」を注文。こんにゃくが気になり、五郎も注文する。こんにゃくはどて焼きの鉄板にのせ、味噌をかけてから、提供するようだ。

「初めて食べたけどウマいな」と頬張りながら、客と店の人との会話を聞いていると、なんだか大阪の懐に潜り込めた気がしてきて、あったかな気持ちになる五郎。

「次、行っていいですか？」。うずらとウィンナー、ナス、砂ずり、ハムを次々注文。旅情で解放した五郎の食欲は止まらない。再びどて焼とヘレを注文。思いもよらぬ場所で、大阪の味を満喫するのであった。

（編集部注／コロナ禍以降、ソースにドボンするのではなく、卓上のボトルからソースをかける方式に変更）

串かつ・どて焼 武田

住：大阪府大阪市平野区
平野本町1-5（光永寺付近）
☎：090-3659-5616
営：16:00～19:30
休：木、金、土、日、祝日
※雨天時は休みになる
可能性アリ

伊勢屋食堂

うまい、という生命の実感

【東京都新宿区 淀橋市場の豚バラ生姜焼き定食】

早朝から大久保駅近くの喫茶店で洋食器の展示販売を手伝っていた五郎。ひと仕事終わって気づけばまだ8時30分。「この時間に開いてる店、どこだ?」と探し回る五郎の目に飛び込んできたのは青果市場「淀橋市場」の看板だった。「早朝からやってる食堂とかあったりしないかな?」と探した五郎が見つけたのは「伊勢屋食堂」だ。「この看板と暖簾の感じ、グッとくるじゃないか。よし、今朝は市場メシだ」と暖簾をくぐる。

「いかにも市場の食堂……」と五郎が喜んだのは、淀橋市場ができた昭和26年以来、早朝5時から営業する定食屋だ。定番メニューに加え、黒板に日替わりや副菜のメニューもある。なかでも五郎の目を引いたのは、生姜焼き定食だった。

「生姜焼きはバラとロース両方あるのか。珍しいな……」

副菜メニューを眺めると、トマト酢漬なるものがある。「今の気分は労働後の肉。プラス小鉢の連打だな」と、五郎は腹が決まる。メインは、ロースより人気の「豚バラ生姜焼き定食」。小鉢は「トマト酢漬」「納豆」「たけのこ土佐煮」「明太子」を選ぶ。

厨房の様子を眺めつつ「店員の動きがいい。忙しいなかでも気配りがある。これはうまいモノが期待できる」と胸が高鳴る。そこで差し出されたのが選べる6種類の漬物。「いろんな組み合わせの漬物を用意して客に選ばせるなんて、すばらしい」と感激する五郎のもとに火曜日限定のしじみの味噌汁とともに注文の品が全て運ばれてきた。「いや〜、朝からスゴいことになっちゃったなぁ〜」とつぶやきつつ、まずは肉厚の生姜焼きバラ肉を1枚味わう。

「おぉ〜、質実剛健。空腹にズバッと堪えるこの香りと生姜のパンチ……」。白飯も

あらすじ

大久保駅近くの市場でのモーニングはどうなる!?

大久保駅近くの喫茶店が洋食器の展示販売をすることになり、手伝いをしていた五郎。ひと仕事終えたが、気づけばまだ8時半。モーニングのトーストではなく白飯が食べたい五郎の目に飛び込んできたのは「淀橋市場」の看板。早朝から営業する店があるだろうと踏み、場内に突入するのだった

(Season6 第2話)

ロースより人気の「豚バラ生姜焼き定食」（1200円）はボリュームたっぷり。生姜が効いたパンチあるタレとご飯の相性は言わずもがな

五郎が小鉢連打の最初にオーダーした「トマト酢漬」（200円〜・時価）。甘酢とトマトの相性抜群。食すとサッパリ驚きのうまさ

市場誕生と同時に場内の人たちに愛され続けて74年。和食店で修業した息子が後を継ぎ、父と共に味を守りながら、他にない味も追求

「納豆は混ぜれば混ぜるだけ応えてくれる」と五郎が超高速で混ぜて食べた納豆ご飯。小鉢類は100円〜とリーズナブルなのがうれしい

食べつつ、「やっぱり豚バラ生姜焼き定食は定食界でも別格だな。このタレ、ご飯が進みすぎる」と唸った。

　続いてたけのこの土佐煮や漬物にも箸を伸ばしてからしじみの味噌汁も。「味噌汁、いいじゃないか。ここは本当に誠実な店だ」と感動しつつ、「唯一、海の滋味が定食に深みを与えている」としじみの味噌汁に最敬礼。

　大きめサイズのバラ肉を白飯に巻いて頬張り、「ほーら、うまい！」と満足げ。すかさず、タレが染みこんだ付け合わせのキャベツも頬ばり、「この店では立派なごちそうだ。名もなきひとつの料理だ」と唸った。「ほほぅ～、こうなるか。驚いた。めちゃくちゃうまいじゃないか」と言わしめたトマト酢漬は、和食系の店で修業後父から店を引き継いだ現店主が、他では食べられない新メニューとして出している逸品だ。

　ヒートアップする五郎は時計に目をやりつつ、「9時3分の市場食堂で、生姜焼き定食の充実……。うまい、という生命の実感」とつぶやきながら、箸が止まらなくなる。

　白飯が足りなくなったところで、常連客に倣い「茶碗八分目」でお代わりを頼むと、納豆を超高速で混ぜてから白飯の上にのせ、かっ込むように食べ続ける。

「白飯との相思相愛。地味だがしっかり仕事する納豆は朝ご飯に欠かせない名脇役だ」と呟き、最後の生姜焼きを味わう。

「町の食堂が少なくなっている今、こんな定食を食べられる幸せ。生姜焼きでご飯をかっ込める喜び。俺は今、生きている。これ以上、何を望む……」

　完食した五郎は「朝、シッカリ飯を食うのは労働の基本だな。体中に血が巡り、ファイトが湧いてくる」と一日の活力を得て、店を後にしたのだった。

「客に選ばせるなんてすばらしい」と五郎が感激した漬物は6種類から選べる。野菜だけでなく、旬のフルーツの糠漬けも始めた

伊勢屋食堂

住：東京都新宿区北新宿4-2-1
淀橋市場内
☎：03-3364-0456
営：5:00～14:00（L.O.）
休：日曜日、祝日、水曜日不定休
※HP、Instagramでご確認ください

シャン通気分にうまさマシマシ。深いなぁ、シャンの森

ノングインレイ

【東京都新宿区 高田馬場のシャン風豚高菜漬け炒めと牛スープそば】

空手道場に依頼の品を届けるため、高田馬場に降り立った五郎。ちょうどお昼どき、駅前のメロンパン屋さんの甘い匂いに誘われるが、昼食は仕事を終えてから食べることにして、足早に依頼主のもとへ向かう。

ところが、依頼主の熱の入った稽古に声をかけそびれ、道場を出たのは午後3時半。あたりは休憩中の店ばかりで、なかなか食事にありつけない。「今は胃袋にとって最悪の時間帯か」と歩き回るうちに、ガードそばの雑居ビルの中に通し営業のお店「ノングインレイ」を発見した。

「ミャンマー、シャン料理。シャン料理⁉」と、看板にある聞き慣れない言葉にひるみ店内をそっと覗く五郎。すると、女性店員に見つかり手招きされてしまった。こうなったら仕方がない、未知の味との闘いだ。

実は高田馬場は、〝リトル・ヤンゴン〟と言われるほどミャンマー人が多く住むエリア。ミャンマー料理を提供する店はいくつも存在するが、なかでもノングインレイはタイとラオスの国境近くに住む少数民族〝シャン族〟の料理が食べられる日本では珍しい店で、ミャンマー人定住者やミャンマー通が足しげく通っているという。

席に着いた五郎の目に留まったのは、「竹虫」「コオロギ」などと書かれた衝撃的なメニューの張り紙。冊子のメニューを開くと、そこにも〝エキゾチックゾーン〟と銘打たれた虫料理が並んでいる。エキゾチックは遠慮することにしたが、他の料理も味がまったく想像できない。

思案の末、五郎が注文したのは「お茶葉のサラダ」と「シャン風豚高菜漬け炒め」、そして「もち米」。味も量もわからないので、ひとまずこれで様子見だ。

テーブルには唐辛子パウダーやナンプラーなどの調味料が置かれ、メニューにはそ

あらすじ

通し営業の店を求め、未知の味と遭遇！

空手の師範代に依頼の品を渡すため、高田馬場の空手道場を訪れた五郎。サクッと済ませて昼食を食べるつもりが、厳しい稽古の様子に声をかけあぐね腹ペコに。時刻は午後3時半。店はどこも休憩中のなか、やっと営業中の店を見つけたが、それは聞きなじみのない〝ミャンマー・シャン料理〟だった

(Season6 第6話)

シャン風の高菜の古漬けとお肉を生姜風味で炒めた「シャン風豚高菜漬け炒め」（990円）。濃いめの味付けなのでお酒にも合いそうだ

「野菜と肉のシャキトロなせめぎ合いがこたえられない」と五郎が絶賛した「牛スープそば」（1210円）。調味料での味の変化も楽しい

お店は高田馬場駅そばの雑居ビルの1階。店内には2つ部屋があり、厨房前を通って行き来できる変わった造りになっている

「イチャクウエ（揚げパン）とミルクティーのセット」（770円）。ボリュームがあるが、ミルクティーに浸すとなぜかイケてしまう

の説明が。「タイ料理っぽいな」と眺めていると、お茶葉のサラダがやってきた。カリッとした豆の食感が楽しい一品で、「食べたことないのに懐かしいような味」と五郎。そう感じるのも納得で、シャン料理には日本人になじみのある食材が多く使われているうえ、シャン味噌など発酵食品を使った味付けも日本人の口に合う。虫はさておき、意外にもホッとできる味だ。

続くシャン風豚高菜漬け炒めは、白飯によく合うガツンとしたおかず味。「高菜がもち米を呼び、もち米が高菜を呼ぶ。タカモチタカモチ止まらない！」ともち米をお代わりし、高菜漬け炒めと混ぜて食べきった。

「まだ腹六分目」な五郎は、牛スープそばを追加注文。米の麺とスープの上にトロリと煮込んだ牛すじがのった牛スープそばは一見フォーのようで、一口食べた五郎は「見た目通り等身大のおいしさだ！」。唐辛子パウダーを入れカスタマイズすると、「シャン通気分にうまさマシマシ。深いなぁ、シャンの森」と大満足だ。

調子に乗った五郎は、「もうちょっとミャンマー奥地に踏み込んでみるか！」と唐辛子の酢漬けも入れるが、踏み込み過ぎたようで辛酸っぱさにむせてしまう。それでも勢いは止まらず、パクチーの追加を頼み、よりエスニックに仕上げてかきこんだ。

最後はデザートに「イチャクウエ（揚げパン）とミルクティーのセット」を注文。オススメどおり揚げパンをミルクティーに浸けて味わう。揚げたてのサクサクにチャイのような甘いミルクティーが染み込み、ほっこり気分で未知の味との闘いを終えた。

店を出るとあたりは真っ暗。昼食が夕食になってしまった五郎は、「夜食用にメロンパンでも買って帰るか」と、すっかり夜の顔になった街を駅へと向かうのだった。

「お茶葉のサラダ」（990円）はカリカリとしたスナック感覚が新鮮。「もち米」（550円）は容器がかわいい

ノング インレイ

住：東京都新宿区高田馬場2-19-7
タックイレブンビル1F
☎：03-5273-5774
営：11:30〜23:00（L.O.22:30）
休：無休

この店にして大正解。最高のメキシコ日和だった。

サルシータ

【東京都港区 南麻布のチョリソのケソフンディードと鶏肉のピピアンベルデ】

「なんか、全然喰いどころがないな……」

　五郎は広尾で迷っていた。商談で訪れたキッズスクールの昼食がラザニアだと聞いた五郎の腹は限界を迎えていたが、これといった店を決められないでいたのだ。

「ラザニアにまだ引っ張られてるのかな」

と浮かない顔の五郎の目に入ってきたのは、メキシコの国旗。屋根には『SALSITA』（サルシータ）と赤い文字で書かれている。地下に降りる階段の手前には、『ブリトー』などメニューが記載されていた。

「ブリトーってことはメキシコ料理か……。ナチョスやタコスなら喰ったことはあるが……」と不安気な五郎だったが、カラフルな店内を見るや大きく期待が膨らんできた。

「今の気分にピッタリだ。胃液がざわめいている……。よし、全然わからないけど、胃袋の直感に従ってみよう」

　席につき、メニュー表を見た五郎だったが初めて目にする料理名に面喰らう。

「ケサディーヤ？　ソペス？　全然わからない。想像もつかない」「スープ……ユカタン風？」

　と、言いつつも周りの客が頼んでいる料理や長年の勘を頼りに、ソペスとユカタン風チキンとライムのスープ、ズッキーニのプディン、チョリソのケソフンディード、メキシカンレモネードを注文した。

「あとは運を天に任せ、待つのみ……」

　ドキドキしている五郎に、ソペスとレモネードが運ばれてきた。「メキシカンおかずタルト」と五郎が表現するのは、ソペス。トマトなどが乗っていて、すっきりとした味わいが口に広がる。味変のスパイスソースも「ナイスアクセント」である。

　続いてやってきたのは、ユカタン風チキンとライムのスープ。アボカド、トマト、チーズ、そしてチップスまで具沢山で、カ

あらすじ

五郎、未知の領域
広尾の本格メキシカン

グローバルキッズスクールとの商談で広尾に降り立った五郎。生徒たちの昼食がラザニアだと聞いた五郎は、商談が終わるとすぐさま「ラザニア、ラザニア」とつぶやきながら、広尾を散策する。「全然わからないが、胃液がざわめいている……」と入った先は、ラザニアではなく……？

(Season7 第3話)

とうもろこし生地に具材やソースを乗せたメキシコ料理、ソペス（950円）とメキシカンレモネード（650円）も外せない

「超のつくフワトロ、うまいなぁ」と五郎に言わしめたズッキーニのプディン（S）（800円）。日本料理では味わえないメキシカン風味だ

チーズが包んでいるチョリソのケソ フンディード（1300円）。「食べる前から当選確実」と五郎もご満悦。トルティーヤで包んでも美味

鶏肉のピピアンベルデ（1900円）。ピピアンベルデとはかぼちゃの種をベースに緑トマトや香料などで作られている。鶏肉の旨味も抜群だ

アボカド、トマトなどの具材がザクザク入ったユカタン風チキンとライムのスープ（1100円）。「食感が陽気」と五郎も舌鼓を打った

ラフルな彩りだ。五郎はチップスをいたく気に入り、「チップスがナイスだ」とあっさり味のスープをハフハフ啜った。

　ズッキーニのブディンにも、「ズッキーニ、一本槍のメキシカン茶碗蒸し。ソンブレロ被って叫びたいほどうまし……」と舌鼓を打つ。

　チョリソのケソフンディードは、器からすくうとチーズが糸を引くほど熱せられている。トルティーヤに巻き、ハバネロソースをかければ「メキシカン感、メッキメキ。おー、これはクセになるなぁ……」と、五郎もご満悦である。

　食欲が止まらない五郎は、鶏肉のピピアンベルデを注文する。鶏肉を一口大にカットして、ソースをたっぷり絡めてパクリ。

「……これは……なんだろう……。食べたことない味だ。脳がこの味をどの棚に入れたらいいか困っている。困る。困るけど、おいしい」と混乱しつつも、フォークを動かす手を止められない。鶏の出汁で炊いた米『アロス』との相性も抜群で、五郎はソースに絡めながら崩し、鶏肉と一緒に掬って食べる。

「このご飯と相まって、メキシコのシメにふさわしいと思う」とつぶやきながら、黙々とメキシカンな味に浸る五郎。

　残っていたスープも飲みながら、一気に食べ進める。そして、「異文化の伝統と新しさが、陽気に踊り回っているような味だ。アミーゴ、アリーバ、ウノドストレス！　メヒコ、万歳！　今日、この店にして大正解。最高のメキシコ日和だった」とテンションMAXになりながら、完食。心まで陽気なメキシカンになった。

　店を出た五郎は「もう少し踏み込んでみたい気もする……」とメキシコ料理にハートを鷲掴みにされたのだった。

サルシータ

住：東京都港区南麻布4-5-65
　広尾アーバン
☎：050-5594-0809
営：11:45～14:15
　17:30～23:00（火水木金）
　11:45～14:30
　17:30～23:00（土日）
休：月曜日
　（月曜が祝日の場合は火曜）

脳がスプーンの動きを止めることを拒絶している

麻婆豆腐専門　眞実一路

【東京都荒川区　三河島の緑と赤の麻婆豆腐】

昔ながらの惣菜屋、八百屋などの個人商店が立ち並ぶ三河島駅周辺の商店街。

「個人商店のにぎやかな連なりが、あったかい……」

五郎は、この街でお菓子の量り売りの店を出そうとしている依頼人に、内装デザインの相談を受けていた。商談が終わり、帰ろうとした五郎は依頼人から、キムチをお土産に渡される。

「駅前の通りを渡った方にあるお店なんですけど、そこ、キムチだけでも10種類ぐらいあって。辛いもの好きな人にはおすすめですよ」

こう依頼人に言われれば、食通の五郎は行かないわけにいかない。件の「丸萬商店」でキムチを購入した五郎は、「このキムチで飯をパクパクと……」とニンマリ。しかし、想像していると案の定腹が減っていてもたってもいられなくなってしまった。

五郎が発見したのは『麻婆豆腐専門　眞実一路』と看板を掲げる一軒。「そんな専門店、聞いたことがない。ストレートに攻めてくるなぁ……」と五郎の興味が俄然かき立てられる。ガラス扉には『麻婆豆腐御膳』『五味一体』の文字が躍っている。

「麻婆一筋、脇目も振らない心意気。シビレるじゃないか……。よし、その思い、受け止めさせてもらおう」

店内で目に入ってきたのは正面、そして左右の壁にかけられた黒板とメニュー表だ。そこにはセットメニューやお茶の解説、麻婆のこだわりなどが書き込まれている。麻婆豆腐は赤、白、黒、緑、燻製と5種類もあるらしい。

「五味一体が王道の赤。白麻婆は、さわやかな辛み。黒はコクと旨味。緑は……、緑？　緑の麻婆って……。なるほど野菜か。え、燻製？　そんなのもあるんだ。すごい

あらすじ

赤と緑のダブルパンチ 五郎がシビれた絶品麻婆

三河島での商談に向かった五郎。商談が終わると相手からキムチを渡される。聞けば、近くにおいしい専門店があるとのこと。これで韓国モードになった五郎は、キムチを追加購入し、店探しに翻弄。たどり着いたのは、「麻婆豆腐専門」という看板のお店。五郎がシビれた逸品とは……

(Season7 第5話)

エメラルドグリーンに光る緑の麻婆豆腐（1000円）。野菜の旨味を閉じ込めつつ、しっかり辛い。「四川のカミソリパンチだ」とは五郎の弁

辛さを5段階で調整できる看板メニュー、五味一体 麻婆豆腐（800円）。グツグツ煮立つ温度と辛さに、五郎のスプーンも止まらない

「体にも心にもいい。魂が癒やされていく」と
五郎が評したワンタン入り滋養スープ（1000
円）。ニンニクの味わいで、体が温まる

豚ヒレと野菜の五目ハルマキと海老と大葉の
ハルマキ（それぞれ400円、注文は2本から）。
味がついているため、そのままで美味しい

な専門店……」

驚きを隠せない五郎だったが、迷った挙げ句、注文したのはザーサイのネギ生姜和え、ワンタン入り滋養スープ、エビと大葉のハルマキ、豚ヒレと野菜の五目ハルマキ、緑の麻婆豆腐。そして、黒板で紹介されていた白茶。芳醇でさわやかな甘みが特徴だという白茶が食前に運ばれると「中国茶、奥深し……」と五郎を唸らせた。

ワンタン入り滋養スープとザーサイのネギ生姜和えに箸をつける。「なんとも心和む味。滋養という言葉が胃袋にしみていく」とほっこり顔の五郎。コリコリしたザーサイも塩味やさしめで食べやすい。

味がついているハルマキは、皮もパリパリ。海老と大葉のハルマキは、大葉がさっぱりとした口あたりを演出、一方の豚ヒレと野菜の五目ハルマキは「濃いめのおかず味」で食欲がさらにかきたてられる。

「春巻き、ザーサイ、スープ……。この三つ巴がたまらない」と満足気な五郎のもとに、鮮やかな緑の麻婆豆腐が着丼。

「なるほど、これはたしかに野菜の旨味だ。それが辛くて、シビれる。これは驚いた。驚きながらもスプーンは進んでいく」と食べ進める五郎の額には汗が滲んでいる。

さらなる刺激を求める五郎は、五味一体麻婆豆腐赤を注文した。鍋の中でグツグツと煮立っている赤麻婆豆腐に「俺の舌は熱さと辛さで悲鳴を上げているのに、脳がスプーンの動きを止めることを拒絶している。恐るべし赤麻婆」と五郎は驚嘆。ご飯を麻婆の器に投入し、一気にかき込めば「こんなにも攻撃的で、こんなにも刺激的な麻婆豆腐に出会えるなんて、今日の俺はなんて幸せなんだろう……」と感嘆だ。

デザートの『正式杏仁豆腐』で締めた五郎は、大満足で店をあとにした。

優しい味わいで人気なザーサイのネギ生姜和え（400円）。お酒のアテにも欠かせない一品。もちろん、五郎も飲んだ白茶（800円）とも相性抜群

麻婆豆腐専門 眞実一路

住：東京都荒川区
西日暮里1-4-12
☎：03-6806-5232
営：11:30～14:00 17:00～22:00
休：日曜・祝日

ジョーよ、泪橋を逆に渡れ。明日のために食うべし

炭火やきとり 泪橋

【東京都中野区 百軒横丁のチキン南蛮と地鶏モモ串】

「ブロードウェイ、いいじゃないか」

と、この日、中野での商談で大口の取引が決まって上機嫌な五郎。辺りを見渡せば、「いい？」「あら、いらっしゃい」というやりとりとともに、飲食店が暖簾をかけ始めている。それもそのはず、五郎の腕時計は夕方5時を指し示していた。

「大口契約も決まったことだし、ここは、お祝いにふさわしいメシを食おう」と店探しに意気込む五郎だったが、そこは食のジャングルと化した中野。中華にカレーなどに惹かれ、五郎は路地裏をフラフラ。なかなか店を決めあぐねていた。

そんな迷える五郎がたどり着いたのは、スナックや居酒屋が立ち並ぶ飲兵衛横丁。

「下戸の俺の居場所は、この辺りにはないんだろうか」

五郎が再び歩き出すと、見上げた街灯に「百軒横丁」と記された赤提灯が見えた。

「百軒の中には、俺が腰を落ち着けられる店も、一軒ぐらいあるに違いない」と気合を入れ直した五郎の目に入ってきたのが、『やきとり　泪橋』という暖簾である。窓下には『宮崎名物　地鶏モモ串　チキン南蛮』の文字が躍っている。これには「俺の空腹を逆なでする言葉の波状攻撃だ」と、ついに五郎の腹も決まった。

カウンター6席、テーブルひとつの小さな店内には炭火の香りが漂っている。常連客たちも、いい雰囲気を醸し出している。

お通しで出てきたのは、鶏皮の酢の物とアボカドとチーズの醤油和え。下戸で、お通しにはうるさい五郎も、店主が手作りした料理を満足気に食した。

店内を見回すと壁や頭上、所狭しとメニューの短冊が貼ってある。「メニューが百花繚乱だ」とつぶやく五郎が発見したのは、チキン南蛮の文字だ。

あらすじ

食のジャングル・中野 鶏フルコースでお出迎え

中野ブロードウェイで、大口契約が決まり、五郎は意気揚々と店選びに向かう。「食のジャングル」中野で歩き回る五郎は、居酒屋街・百軒横丁にたどり着いた。うまそうだが、下戸の五郎には少々入りずらい店が軒を連ねる。そんな中野で五郎が選んだ店やいかに

（Season7 第8話）

チキン南蛮（900円）。ずっしりとした重量感とあふれる肉汁が食欲をそそる。甘酢と同じく、少し甘めのタルタルソースは本場宮崎を彷彿とさせる

珍しい鯖串（250円）。「串に刺した焼き魚だ。鯖ってやつはいつも俺を喜ばせてくれる」とつぶやきつつ、五郎が頬張った

炭火の香りをまとった地鶏モモ串（300円）。噛むほどに旨味が出る地鶏だ。「米に合う合う」と五郎はこの地鶏で、ご飯をかきこんだ

「うまい焼き鳥屋の鶏スープがマズいわけがない」と五郎も絶賛の鶏ガラスープ（280円）。ご飯のおともによし、酒のシメにもよし

「あった！　このお店のファーストインパクト。糸口はつかんだぞ。これを中心で組み立てればいい」

こうして五郎が注文したのはチキン南蛮、鯖串、豚の味噌串、鶏ガラスープ、ささみと胡瓜のゴマ和え、そしてご飯だ。

先にささみ胡瓜をつまんでいると後続が次々と運ばれてくる。メインのチキン南蛮を頬張る五郎。

「これはいい鶏だ……。タルタルがまたすごくいい、食べたことない味だ……。これが宮崎スタイルなのか？　タルタリストとしては、心にメモだ」と大絶賛。赤みがかった独特のタルタルに早くも心を奪われている。

お通しの鶏皮の酢の物とアボカドとチーズの醤油和え（500円）。お通しがおざなりではないのがおいしい店の証拠。内容は日によって変わる

「ちょっと落ち着こう」と澄んだ鶏ガラスープで冷静さを取り戻した後、鯖串、豚味噌串という第2ラウンドがスタート。レモンを一絞りかけた鯖のあっさり味と味噌豚の濃い味のまさにダブルパンチだ。

さらに、他の客が食べていた地鶏モモ串を追加注文。カウンターの目の前で炎が上がり、鶏の油が炭火で焦げる匂いが充満する頃、お待ちかねのモモ串が登場する。

アツアツなモモ串を差し出された五郎は、「噛むほどに、うま味が出てくる。打てば響く地鶏だ……」と本日2杯目のご飯をかき込んだ。残っている鶏ガラスープを飲み干せば、大口契約祝いの宴は堂々のフィナーレを迎えたのだった。

「あのタルタルに胃袋を掴まれてる人、絶対多いだろうな……。中野も、懐が深い」

こうつぶやきながら、鶏のフルコースを存分に味わった五郎は、ホクホク顔で店をあとにする。

と、ここで五郎の電話が鳴る。電話を切った五郎は「韓国かぁ」とつぶやき、突然の韓国出張が決まったのだった。

炭火やきとり 泪橋

住：東京都中野区中野5-53-10
☎：03-6383-2900
営：17:00～22:00
（ネタが終わり次第終了）
休：日曜日

古き良き田舎の味、ばあちゃんの味
うどんや　藤
【埼玉県新座市の肉汁うどん】

埼玉県新座市の住宅街で、仕事を早々に終えた五郎は時間を持て余していた。次の商談まで3時間も余裕がある。

「うーん、この空白、どう埋めようか」

そこへ作業着姿の男性が声をかける。

「あれ！　井之頭さん、どうしました？」

それは先ほどまで一緒に仕事をしていた、竹田工務店の竹田社長だった。

「これからピザでも取ろうかって話してたんですけど、良かったらどうですか？　一緒に」との社長からのお誘いに、五郎も「ピザですか、いいですねぇ」とニンマリ。

ところが社長が奥さんにピザの確認をすると、「1時間もかかる!?」との声が。

「ピザ、1時間。想像したら急に腹が減った……」と空腹に耐えかねた五郎は、社長への挨拶もそぞろに、その場をあとにした。

さて、まずは店を探さなくては。小走り気味に住宅街を抜け、通りに出たものの、鰻屋は開店前、ピザ屋はデリバリー専門と不発続き……。肩を落とした瞬間、古民家風の店構えのうどん屋を発見した。

「うどん屋……マンションの一階で、いい味出してるな。このくっつけた屋根。暖簾の色と、面積。木の引き戸のわびさび。この店は何か持っているぞ」

直感に従って入店する五郎。ドアを開けると、奥の座敷で平たく伸ばした生地を踏むお母さんの姿が目に飛び込んできた。

「いらっしゃいませ〜」

うどんを力強く踏む姿に圧倒されつつ、座敷席に案内された五郎。

「なんだか、どこか地方に来たみたいだ。小さな足踏みうどん屋。いいなぁ」と懐かしさを感じる店内にホッとする。

多様なメニューに迷いに迷って、肉もりうどん中もりの肉増し1・5倍、五目野菜のつけ汁、あげ玉ゴマのおむすびを注文し

あらすじ

うどん、肉、汁　三位一体のスクラム

内装の仕事が早く終わり、新座市の住宅街に取り残された五郎。お隣、ひばりが丘での次の商談まで3時間も余裕がある。空白の時間を埋めるべく周囲を散策していると、目に入ったのはわびさびがある古民家風うどん屋。「この店は、何か持っているぞ」と直感に従って店内へ入っていく五郎だった

（Season8 第4話）

先着サービスの味玉（110円）も加え、つけ汁は2種を投入。「我ながら完璧。無敵の布陣だ」と大満足の五郎

肉増し1.5倍（+110円）でいただいた肉汁。バラの旨みが染み込んだジューシーな汁がうどんに絡み、箸が止まらない

肉もりうどん中もり（1100円）はデコボコ麺が特徴。飲み込む時はつるんといける。「人力足踏みの底力か……」と思わず唸る五郎

懐かしい味わいの五目野菜汁（550円）は具沢山。これにも麺を投入した五郎は「これがまずかろうはずがない…」と目を細めた

あげ玉ゴマのおむすび（165円）は、あげ玉にゴマという意外な組み合わせ。シャクシャクしたあげ玉の食感がクセになる一品

た。「味玉はどうします？　早いもの勝ちですよ」とお母さん。『毎日先着7名様だけ無料サービス』の張り紙をみて、思わず味玉も注文してしまう五郎だった。

目の前にうどんに汁椀、おむすび、味玉と豪華なセットが運ばれてくる。

「あぁ、うまっ。バラ肉が汁に浸ってめちゃくちゃウマい。この油の感じが、またたまらない！」と夢中で麺と肉をすする五郎。人力足踏みによって生み出された麺のコシ。

「うどん、肉、汁、三位一体となったスクラム感がすごい……うまさが隙間なくグイグイ押しこんでくる」

五目野菜のつけ汁で、うどんの〝味変〟が楽しめるのも、なかなか珍しい体験だ。

「古き良き田舎の味、ばあちゃんの味」。

心に染みる田舎汁の懐かしさが、深い味わいとなって口に広がっていく。これにも麺を投入し、野菜と一緒にかき込む。

「汁を吸った野菜がうどんとまた絶妙。肉とはまた全然違う」と、こちらも箸が止まらない。

変わり種のあげ玉ゴマのおむすびは、その食感がクセになる。肉汁のバラ肉と一緒に、おむすびを頬張る五郎。

「これもおかずになる……。なんだか豊かな気持ち」と今度は五目野菜汁をおかずに、おむすびを味わう。いろいろな楽しみ方ができるのも、これまた贅沢な気分。

「これは、旅だ。俺の心は今、遠い遠いところにいて、この特別なうどんに出会えた喜びを噛み締め、飲み込んでいる」

最後に肉汁うどんの最後の肉を一切れ、おむすびに載せ、肉のっけあげおむすびでフィニッシュだ。

「ああ、大満足」

極上のセットを味わい尽くし、五郎は次の商談先であるひばりが丘へ向かった。

うどんや　藤

住：埼玉県新座市道場1-12-20
☎：048-482-5775
営：11:00～17:00
休：水曜日

ロース、やっぱり王道。王者。王様の肉だ

宝来軒

【群馬県藤岡市の一人ロースター焼肉】

「う〜ん、なかなかに遠かった……」

群馬県藤岡市に降り立った五郎は、電車旅で縮こまった体を大きく伸ばした。駅前を歩いてみるも、人通りはほとんどない。

タクシーで到着した『ビジネスホテル藤岡ボウル』は「ホテルとボウリング場が、完全に合体してる。それにしてもしっぶいなあ」と五郎も唸るホテルだった。

フロントでベルを鳴らすも、人の気配は感じられない。『御用の方はボウリング場へ』という案内を見て、「何それ」とつぶやきながら、ボウリング場へと向かう五郎。

ボウリング場のフロントにいたのは、支配人の斎藤だった。

「井之頭さん、ボウリングは?」

「学生時代に遊びでやったくらいですね」

「なんか凄いパワーボールを投げそう」

そんな軽口をかわしつつ、ホテルを案内してもらう。女性客が喜ぶような客室のインテリアにしたいという支配人。とはいえ「無い袖は振れない」と何度も強調する支配人に、五郎も苦笑するしかなかった。

最後に「1ゲーム、私と勝負しません?」とまさかの勝負を仕掛けてきた支配人。

「ボウリングよりも、腹が、減った……」

ストライクの音が鳴り響くなか、五郎は急いでホテルを後にするのだった。

タクシーの車窓から必死に店を探す五郎。執念の末に目に飛び込んできたのが、『焼肉・宝来軒』の看板だった。

入店すると、長い10人掛けカウンターの上に、卓上のロースターがずらり。店内は酒と肉を楽しむ一人客でにぎわっていた。

「あっちもこっちも、みんな豚」

焼肉を堪能する周囲の客を見て、「初めての店で、迷った時は、くせ球を見逃し、ど真ん中をフルスイングだ!」とど直球で勝負すべく五郎が選んだメニューは、豚ロ

あらすじ

牛と豚のカルビ合戦 これが藤岡スタイル

群馬県藤岡市に降り立ち、ビジネスホテルとボウリング場が合体した「藤岡ボウル」を訪れた五郎。ホテルの支配人からボウリング勝負に誘われたものの、それより腹が減った。タクシーの車窓から五郎が見つけたのは、中華屋のような名前の焼肉店。一人ロースター焼肉に胸躍らせる五郎

(Season8 第5話)

五郎'sセレクション。牛の上カルビ（左上）、豚カルビ（左下）、豚ロース（中央）、ご飯、肉スープ（ハーフ・右下）、キムチ（右上）

豚ロース（600円）は滴る肉汁が食欲を誘う。「ご飯が大歓声をあげて迎えている」と白米が加速する五郎

お店の名物、豚ホルモン（350円）はぷりぷりの食感が絶品。大量に持ち帰る客を見て、「次回はホルモン攻めだな」と五郎

霜降りが美しい牛の上カルビ（1400円）はご飯にのっけて、コメの肉巻き食いで頬張った

ースと豚カルビ、牛の上カルビ。

　豚はしっかり火を通すことが大事。焼けるまでは焦らず、白菜キムチを楽しむ。

「お、これはいいキムチだ。ほのかな酸っぱさが、たまらん」

　次は特製の肉スープ。肉だけでなく野菜も入ったうま味たっぷりのスープで、体が温まる。そうこうしているうちに肉が焼けた。まずは豚カルビとロースから。

「ロース、やっぱり王道。王者。王様の肉だ。ご飯が大歓声をあげて迎えている」とご飯が止まらない五郎。豚がうまいことはわかったが、ならば牛はどうだろう。

「焼けゆく霜降りを見ながら、肉スープ。男の夢。ロマンと言ってもいい」

　牛の上カルビ、これぞ焼肉という味わいだ。カウンターの男たちが黙々と焼き続ける肉の煙が、立ち上っては換気扇に吸い込まれていく。五郎のロースターは、牛と豚でいっぱいになった。「このロースターは俺の国だ。どう焼こうとかまわない……」と王様気分を味わう五郎。

　タレにコチュジャンとニンニクを投入すると、パンチが増してメシが進む。肉の合間にはキムチと肉スープも欠かせない。

「このキムチ、伴走者として最強のパートナーだ……そしてスープは力水だ」

　最高の組み合わせで勢いづいた五郎は、追加で半ライスを注文し、一人焼肉マラソンを続ける。最後は、豚肉とキムチをライスにのせて豚キムチ丼でラストスパート。これはもう、かっ込まずにはいられない。

「俺は今、腹がいっぱいになるのが切ないほどに、幸せだ。おいしいというのは、今俺が生きているという証だ……」

　常連客がホルモンを大量に注文しているのを見て、「次回はホルモン攻めだな」と企む五郎だった。

旨みが溶け込んだ肉スープ（600円）は、野菜とかき玉でボリューム満点。五郎が食べたハーフサイズは普段は出さない特別メニュー

宝来軒

住：群馬県藤岡市藤岡327
☎：0274-22-3893
営：11:00～14:00、17:00～21:00
休：月曜日、火曜日

まずはチャックロール？ 何それ？

ジンギスカン どぅー

【神奈川県川崎市 武蔵小杉の一人ジンギスカン】

タワーマンションが立ち並び、急激な変化を遂げる街、武蔵小杉。「まるでフィギュアになって、ジオラマのなかを歩いているようだ」と高層ビルに圧倒されつつ、五郎はタワーマンションの上層階に住む村井美咲の自宅へ向かった。

しかし今日の商談相手である村井は、コーヒーと紅茶、どちらを飲むかも決められないほどの優柔不断。内装について提案しても「あぁ、悩む〜」の繰り返しで、何も決まらないまま時間だけが過ぎていく。

そんなこんなでマンションを出ると、すっかり日が暮れていた。

「腹が、減った……」。

何が食べたいかもわからぬまま、『センターロード小杉』まで歩いてきた五郎。

そこには居酒屋のネオンが灯る、どこか懐かしい横丁が広がっていた。

「町がどんなに新しくなろうと、呑兵衛たちはこういう場所を必要としてるんだ」

すっかり赤提灯腹になった五郎の目に飛び込んできたのが、『ジンギスカン・どぅー』の看板だった。

店内に入ると、早速、広がる煙に食欲を刺激される五郎。店員に渡された『ジンギスカンどぅーのおいしい食べ方』というメニューには、「①まずはチャックロールを網焼きで！」と書かれている。

「まずはチャックロール？ 何それ？」

首を傾げながら注文したチャックロールのネギ塩焼きとご飯だったが、これが大正解。新鮮な羊の肩ロースであるチャックロールは、網で軽く焼くだけで、うま味が口いっぱいにじゅわ〜っ。別添えのネギを絡めるのもたまらない。

「くぅ〜、くっくぅ〜……これはもう、ニヤけちゃう」

満面の笑みで肉を焼き続ける五郎。

あらすじ

網と鍋の二刀流 まさに一人メシの極致

武蔵小杉のタワーマンションを訪れた五郎。商談相手は優柔不断で、リビングのスタイルをなかなか決められない。無限の堂々巡りに「後日、ご主人同席で決めるのはどうか」と提案し、外に出るともう暗くなっていた。ネオンが灯る昔ながらの横丁で五郎が見つけた店とは？

(Season8 第11話)

「美味しくなれよ〜俺のチャック」と五郎が念じながら焼いたチャックロール ネギ塩焼き（1210円）。ネギと塩の相性抜群

新鮮なラム肉の肩ロース、チャックロールはあまり焼かずにレアで楽しむのが通。「こんな世界があったとは……」と感激する五郎

ラム肉3種と野菜の盛り合わせがついたジンギスカンセット（1100円）で気分は北海道。「ばかやろう級にうまい」と五郎

ジンギスカンセットはチャックロール、もも肉、ショルダーと「三者三羊」のラム肉が楽しめるお得セット

「いやいや、こんなラム初めて。この食い方もすばらしい」と初体験の感動が止まらない。続いて運ばれてきたのは、ラムの骨つきハム。ワイルドな見た目で実は燻製というギャップにやられる。脂がブクブク出るまで焼くのがおすすめと教えてもらい、網の上で焼かれる肉厚ハムを凝視する五郎。

「おーし、ブクブクきた……」

脂ののった骨付きハムに豪快にかぶりつくと、「歯が、あごが、止められない」と一気に食べきってしまった。もちろん残ったハムはご飯にのせ、一緒にいただく。

五郎が豪快にかぶりついた骨付きラムのハム（1430円）は燻製のため、そのままでもいける。脂がブクブク出るまで焼くとうま味がじわり

「ハムの塩っ気がメシにちょうど良い……武蔵小杉式ラムハムご飯。フッ」

その勢いのまま、今度はジンギスカンセットを注文。そう、この店は網焼きとジンギスカンの鉄鍋、どちらも楽しめる二刀流なのだ。ラム肉3種と野菜盛り合わせがついたジンギスカンセットは、ボリュームも満点。五郎の鉄鍋ラウンドは、もも肉、ショルダーと続いていく……。

「ショルダーは噛み応えだ。ラム汁じゅわじゅわ」と噛み締めていると、危うくチャックロールを焼きすぎるところだった！野菜もいつのまにか焦げそうだ。

「一人ジンギスカンは忙しい。フッ……」

肉だけではなくジンギスカンは野菜も重要。ニンジンやもやしをタレにくぐらせ、ご飯で追っかける。タレ野菜飯だ。

「よし、盛り上がってきたぞ！　俺と羊の冒険もいよいよクライマックスだ」

残りの肉を豪快にかき込んでいく。

「鉄鍋の熱とタレのパンチが、俺の食欲を北海道の開拓民のように奮い立たせている……。俺が勝つか、羊が勝つか」

羊たちとの熱い戦いを終え、最高のメシに出会えたことに感謝して、五郎は赤提灯をあとにするのだった。

ジンギスカン どぅー

住：神奈川県川崎市中原区
小杉町3-430-18
☎：044-733-2730
営：17:00～22:30、16:00～21:15
（土日のみ）
休：月曜日

タベルナ ミリュウ

日本とは別人のような働き。ナス、ギリシャ語。ペラペラ

【東京都港区 東麻布のムサカとドルマーデス】

五郎は依頼されたコーヒーカップを届けるために東麻布（現・六本木）にあるパナマ大使館の応接室にいた。会話の流れで高級なパナマ産のゲイシャコーヒーを勧められ、感想を求められてしまった五郎。心の中で「弱ったなぁ」とぼやきつつ、しどろもどろに感想を伝えて大使館をあとにする。

缶コーヒーで一服し、さまざまな国の大使館が並ぶ麻布の街を見ながら「メニューがちっともわからないようなガイコク飯、したいなぁ」と異国に思いを馳せた。

空腹のサインを感じた五郎は、ガイコク飯を求めて迷い込んだ住宅街で「ギリシャ料理 タベルナ ミリュウ」の看板を発見する。

「まさにガイコク飯じゃないの。この中はギリシャか。ではギリシャ、入国」

ギリシャ国旗を思わせる白と青を基調にした店内。窓際のテーブル席に座った五郎は、メニューに目を落とす。ザジキ、メリザノ……見慣れない文字の羅列に「日本なのに、右も左もわからない。フフフ、どうしたものか」と、思わず笑みがこぼれてしまう。

メニューの説明文を頼りに「前菜の3種盛り合わせ」と「ドルマーデス」「ムサカ」「レモネード」の注文を済ませた。

レモネードを飲み、エーゲ海の風を感じている五郎のもとに前菜の盛り合わせが運ばれてくる。

まずは白いピタパンの上にザジキ（ヨーグルト）のディップを乗せてひと口。さわやかな酸味が口に広がる。お次はタラモ。「タラはタラでも地中海のタラの子供だなぁ。でも、ピタパン君との相性ばっちり」と食べ進め、1枚目のピタパンを完食。2枚目にはメリザノ（ペースト状の焼きナス）のディップを載せる。

あらすじ

東京・東麻布には ギリシャが“在る”

東京タワーにほど近い東麻布にあったパナマ大使館に、商談で訪れた五郎。職員に勧められて飲んだパナマコーヒーの感想を求められたものの、緊張からかうまく答えられなかった。大使館で異国情緒を感じ「外国メシ」に思いを馳せる五郎は商店街をさまよった末、ギリシャ料理の店を発見する

（Season9 第3話）

見た目はエビチリだが、似て非なる海老のサガナキ（1900円）。五郎は2枚のバゲットにサガナキを挟んで食べる「五郎式海老サント」を思いつきご満悦

「パスタ的、トマト的味わいだ。ギリシャの熱量を感じる」と五郎は大絶賛

ムサカ（1800円）は、ジャガイモ、ひきにく、チーズ、ナスにシナモンを効かせた具だくさんの一品。「チーズもジャガイモも容赦なく熱い」と五郎

お肉とお米をぶどうの葉で包んだドルマーデス（1500円）。ロールキャベツの元祖ともいわれ、レモンをかけると酸味がアップして美味

ギリシャの焼きナスは、日本のそれとはまったく違う顔を持っており「おいしいよ。ナス君」と語りかける五郎。

次に運ばれてきたのは、ぶどうの葉で牛肉と米を包んだ「ドルマーデス」。ロールキャベツの原型といわれているギリシャ料理だ。ロールキャベツを思い浮かべながらドルマーデスを口に入れると「おいなりさん的。というか桜餅的な。ぶどうの葉、面白いじゃないか」と、新しい食の扉が開かれた様子。

続いて登場した「ムサカ」は、ナスとジャガイモのグラタン。あまりの熱さにハフハフしながらしっかり噛み締める。先のメリザノと同じく、ムサカでも意外な魅力を発揮するナス。五郎は「日本とは別人のような働き。ナス、ギリシャ語ペラペラ」と称賛の言葉を送る。

ムサカを堪能していると、追加で注文した「海老のサガナキ」もやってきた。見た目はエビチリだが、味はトマトベースでまったくの別物。五郎はバゲットに前菜で余ったザジキを塗り、その上にサガナキをたっぷり乗せてもう一枚のバゲットで挟み「五郎式海老サンド」を生み出した。ザジキとトマトの酸味が絶妙にマッチした唯一無二の一品。

デザートにはバクラヴァとギリシャコーヒーを注文。バクラヴァとはクルミやレーズンが入ったパイ生地の菓子をシロップに漬け込んだ〝かなり甘い〟スイーツだ。バクラヴァの容赦ない甘さをギリシャコーヒーで流し込み、ギリシャの旅は終了。「こういうスイーツとコーヒーを飲むと、異国気分が心に焼き付けられる。ああ、いい旅になった」と、窓の外を見る。

ギリシャとの心の距離がグッと縮んだのだった。

店員に「パイ生地をシロップに漬け込んだかなり甘いギリシャのスイーツ」と紹介されたバクラヴァ（1000円）。ギリシャコーヒーとの相性もバツグン

ギリシャ料理
タベルナ ミリュウ

住：東京都港区東麻布2-23-1 エルモ麻布1F
☎：050-5462-3119
営：11:30〜15:00（L.O.14:00）、17:30〜21:00（L.O.19:30）
休：日曜日

お肉屋さんの焼肉屋。間違いなさそうだ
焼肉ふじ
【静岡県伊東市　宇佐美の牛焼きしゃぶと豚焼きしゃぶ】

この日五郎が訪れたのは、静岡県伊東市宇佐美。宇佐美でサチコ美容室を営む横山綾香に、依頼された食器のサンプルを届けにきたのだ。東京でバリバリ働いていた頃の横山を知る五郎は、穏やかな顔で近所の人と交流をする彼女を見て「表情が柔らかくなったなぁ」と一安心。サチコ美容室をあとにした。

ひと仕事を終えて海風に当たっていると、いつの間にか空腹に。海辺の街に来たからには、うまい魚料理が食べたいところだが、歩けども〝店〟自体が見つからない……。ヘトヘトになった五郎の前に「焼肉・ミートショップふじ」が現れるも、よく見るとそこは精肉店。「マジかよ」と肩を落としながら店の裏に回り、振り返るとそこには「焼肉ふじ↑」の看板が！　思わずガッツポーズをして、店の扉を開ける。

焼肉ふじの店内は精肉店とドアでつながっており、肉皿を持った大将が双方を行き来している。地元客も多そうだ。

長椅子席に腰を下ろして、五郎がメニューに目を落とすと、肉の名前のなかに「牛焼しゃぶ」「豚焼しゃぶ」という見慣れない料理名が並んでいる。「しゃぶしゃぶ肉を焼くのか？」と疑問を抱くが、壁にかかった「黒毛和牛　希少部位　ミスジ」という文字を見た五郎は「お肉屋さんの焼肉屋。間違いなさそうだ」と、自らの決断を信じて料理を注文していく。

しばらくすると「豚焼しゃぶ」「ミスジの牛焼しゃぶ」「上ハラミ」……と、一気に料理が運ばれてきた。

牛焼しゃぶの皿を手に現れた大将は「焼しゃぶは薄いからってすぐ返しちゃダメですよ。９割方色がついたらひっくり返してください」と、アドバイス。なにやらコツがいりそうだ。

あらすじ

穏やかな海辺の町で出会った牛焼きしゃぶ

静岡県伊東市にある宇佐美駅に降り立った五郎は、知り合いの美容師・横山との商談へ。商談中に、近所のおばちゃんが回覧板とお裾分けのナスを手に現れる。ふたりの会話に和みつつ、美容室をあとにした五郎。仕事を終えて空腹を覚えた五郎は「うまい魚料理」を求めて街をさまよい歩くが……

（Season9 第5話）

希少部位・ミスジを使った牛焼しゃぶ（2380円）。五郎は肉とライスをひと口頬張り、そのおいしさを「薄き焼肉爆弾」と評した。その右にあるのは、上ハラミ

「焼肉界の中継ぎエース」として黒毛和牛上ハラミ（2580円）をチョイスした五郎。ほどよい弾力が魅力だ。ドラマでは「上ハラミ」として登場

松阪牛赤身カルビ（1980円）。注文した肉が続々とテーブルに届き、とめどなく焼き続ける五郎はひとり「焼肉ふじロックフェスティバル2021」の開催を宣言

肉を順調に焼き進め終盤に差し掛かった頃、追加で石焼ビビンバ（1250円）を注文。ジュージューと具が焼ける音が再び五郎の空腹を呼び覚ました

五郎が焼肉のスタートに選んだのは、麦豚焼しゃぶ(980円)。ドラマでは豚焼しゃぶというメニューで登場している

まずは豚焼しゃぶを網に乗せ、色が変わるのを待つ。しかし「10割の状態」がわからない五郎は「こんなもんか」と肉を持ち上げ、急いで口に放り込んだ。豚肉には味がついており、タレなしで食べると豚焼しゃぶ本来の味わいが引き立つ。

あとに続くは牛焼しゃぶ。真剣に〝9割の焼き加減〟を見極めて口に運び、白米でその後を追う。口の中でとろけるミスジ肉に「薄き焼肉爆弾」と命名した。

白菜焼のこのうま味が詰まった「野菜スープ」で心を落ち着かせたあと、上ハラミを網に乗せる。大人になるほどおいしく感じるハラミに食べるほど〝うまさ〟が増す特製ダレをつけて食べまくる。タレをつけながら「君なしじゃ肉も飯も始まらなくなってる」と心の中で愛の告白をする五郎。

店の壁には「奉納焼肉ふじ」と書かれた馬の画が飾られており、テンションが上がった五郎は「よーし、焼肉ふじロックフェスティバル2021だ」とフェスの開幕を宣言。豚焼しゃぶでキムチとご飯を巻いたり、ミスジをタレでいただいたりと「肉、メシ、タレのグルーヴ」を満喫する。

その後も、石焼ビビンバと赤身カルビを追加注文。ビビンバの焼ける音は、再び五郎の食欲を呼び覚ました。そして、赤身カルビをビビンバに混ぜて「石焼き赤身カルビビンバ」というユニットを結成させる。肉たちとのセッションを思う存分楽しんだ五郎は、ビビンバをペロリと平らげてふじロックを締めくくった。

「至福の放心状態。この興奮を胃袋は忘れない……」

最後に野菜スープとウーロン茶も飲み干して完食。その年初めての焼肉に奮発してしまい、満腹になった五郎は帰りの新幹線では寝ることを決めたのだった。

焼肉ふじ

住：静岡県伊東市宇佐美1977-2
☎：0557-47-2983
営：17:00〜18:50、
19:00〜20:45の2部門制
休：木曜日、第1･3水曜日

中国四千年の知恵がやさしく発酵している

貴州火鍋

【東京都葛飾区　新小岩の貴州家庭式回鍋肉と納豆火鍋】

「結局20分歩かされた……」

商談先のパーソナルトレーニングジムでウォーキングを勧められ、スーツのままマシンで歩き続けた五郎。じつは商談前にも小岩駅から新小岩駅までの距離を歩いていたので、少々〝燃焼〟しすぎていた。

仕事を終えた途端、空腹に襲われ、新小岩での店探しを開始。細い路地を発見した五郎は「こういう路地にお宝があるんだよな」と気分を高める。そうして路地を突き進んだ五郎の目に飛び込んできたのは「貴州火鍋」の看板だった。

真夏に火鍋というチョイスに少しだけ逡巡するも「もう一汗かこうじゃないか！」と意を決して入店。テーブル席に座ると、中国人カップルが中国語で注文している。「ひょっとして、かなりディープな店なんじゃないの？」と、不安に駆られる五郎。

異国の雰囲気に緊張しながらメニューを開くと「貴州料理の特徴は発酵による旨味酸味」と書かれていた。火鍋のメニューには（2人前より）とあるが、店員に尋ねると1人前にしてくれた。迷った末に「納豆火鍋」「シェフのお任せ貴州のまかない前菜三種盛り（ハーフ）」「貴州家庭式厚揚げの回鍋肉」とライス、ウーロン茶を注文する。

初めに店のマダムが運んできたのは「三種盛り」のはずだが、一皿多い「四種盛り」になっていた。五郎の不思議そうな顔を見たマダムは、鶏肉が入った皿を指差して「サービス」と笑顔で一言。貴州流のおもてなしに感謝しつつ、前菜のひとつ「発酵らっきょうと水納豆の和え物」に箸をつける。らっきょう×納豆という異色のタッグに新たな可能性を見出した。

お次の「コールラビと燻製肉炒め」は、燻された肉の風味に辛さがマッチして「噛

あらすじ

新小岩の路地裏には宝が眠っている……

小岩での打ち合わせを終えた五郎は、以前訪れた「珍々」に向かうも時短営業中。次の商談相手がいる新小岩のトレーニングジムまで歩き、商談中にもウォーキングマシンで歩くことを勧められてしまった。商談が終わる頃には燃焼のしすぎで空腹に。路地裏を探索した末に、貴州火鍋の看板を発見する

（Season9 第7話）

納豆火鍋のセット全景。五郎はさらに追加の具材として、本場・貴州でもポピュラーな鍋の具材・羊肉（1496円）を注文。辛さとうまさで箸も汗も止まらない

納豆の香りが食欲をそそる納豆火鍋は、野菜と肉のセットで2人前（3850円）。ドラマ内で1人前（2850円）を注文した五郎はペロリと平らげた

コールラビと燻製肉炒め（1848円）。「何だろうこれ……切り干し大根チックな？？」と五郎を悩ませたのは、干してから塩に漬けたコールラビ。保存食同士とあって、燻製肉との相性はバッチリ

発酵させた唐辛子で作る調味料・糟辣椒と鶏肉を絡めた鶏肉の糟辣椒煮込み（1848円）。ドラマではサービスで小サイズを提供してもらった

“貴州の家庭の味” こと貴州家庭式厚揚げの回鍋肉（1518円）は、辛さが豚の甘さを引き立てる逸品。五郎も「辛豚と白米、最強」と太鼓判

むほどにうまい」と唸る。三皿目「コンニャクの和え物」のマイルドな辛さに「貴州のお袋味かも」とノスタルジーに浸った。しかし、最後に食べた「鶏肉の糟辣椒煮込み」は悶絶級の辛さなので、ライスが必須。「たしかに辛さの質がいろいろ違うのはわかる。でも結局、辛い」と、唐辛子の多様性を舌で感じた五郎だった。その後届いた厚揚げの絶妙な食感と旨辛い豚肉がおいしい「貴州家庭式厚揚げの回鍋肉」には、もはや箸が止まらない。

そして本丸「納豆火鍋」は、豚肉と干し納豆、野菜盛りとつけタレをお供に登場。貴州では、鍋に入れる前に火が通った豚肉を食べる習慣があると聞き、五郎もそれに倣う。残りの具材を鍋に入れ、頃合いを見て蓋を開けると、おいしそうな納豆臭が鼻の中に広がる。

まずは煮込んだ白菜。納豆の入ったタレにつけて食べると、熱さと辛さの先にある〝うまさ〟にたどり着いた。白菜を味わいながら「四川の辛さとはまた違う。発酵がポイント?」と考察するも、真実は謎のまま夢中で食べ続ける五郎。

水をオーダーすると、今度は「豆乳」もサービスしてくれたマダム。豆乳で口の中の炎を消し、再び火鍋に挑むことができた。

その後、つけダレと本場貴州で人気の具材・羊肉（ランロー）を追加注文。煮えた羊肉をライスに載せ「貴州式納豆ご飯、ラム肉付き」という独自メニューを編み出す。熱くて辛くてうまい納豆火鍋も、一気に完食。

「標高1000メートルの山岳地帯で生まれた貴州料理。なのに納豆大好き、という謎。中国四千年の知恵が、やさしく発酵しているのかもしれない」

貴州と五郎の異文化交流は大成功だった。

貴州火鍋

住：東京都葛飾区新小岩1-55-1 多田ビル1F
☎：03-3656-6250
営：月・火・木・金・祝日 17:00～22:00、土・日12:00～15:00／17:00～22:00
休：水曜日

レバーがうまい。推してるだけのことはある

いづみ亭

【千葉県柏市　鷲野谷のネギレバ炒と鶏皮餃子】

商談を終え、左右に田んぼが広がった一本道を歩いていると、五郎のもとに一本の電話が入った。以前車を運んであげた竹内からで、「海外赴任で日本を離れるので、この車を大事に乗ってくださる方を探してまして……」とのこと。すぐに快諾し、その日のうちにMINIを受け継ぐことに。

さっそく車を乗り回し、あたりの飯処を探していると、いつの間にか木が生い茂ったものものしい道に。

「ありゃ、迷い込んだか？」

と思ったのもつかの間、木に隠れていた『いづみ亭』の看板に気がついた。車を降り、店に近づくと、年季の入った渋い外観。

「この出汁が出まくったような暖簾、最高じゃないか……」と、入店を決めた。

店内には常連らしきおじさん2人組のみ。昼間っから生ビールと緑茶ハイを決めつつ、「手羽先」や「牛タンつくね棒」といったそそられるメニューを頼んでいる。

そんな傍ら、五郎は壁メニューを凝視して頭を抱えていた。視線の先には、「レバニラ炒定食」「ネギレバ炒定食」「レバタレ定食」というまさかのレバー三連チャン。

「ん〜、どれも食べたくなって身悶えする……」とぼやく五郎の耳に、常連客の「レバ塩も」との声が。

「え？　塩もあんの？　レバーだけで4品もあるって、珍しい店だ……」

と、その店の得意技に違いないレバーで勝負を挑むことは確定。熟考の末に「ネギレバ」と、招き猫の側に書いてあった「とり皮餃子」をチョイスした。

料理が届くと、ネギとレバーを箸でガバっと掴んで食べる。誰もが知っているネギとレバーなのに、この組み合わせは完全に盲点だ。勢いよくネギレバを頬張り、ご飯で追っかける。

あらすじ

強烈な渋みを味わった後 迷い込んだレバーの名店

商談のために千葉県柏市の一軒家を訪れた五郎。青年・吉川将吾から「祖母のために」とクラシック調の家具の相談を受けていた。ひと段落し、縁側で2人で休んでいると、祖母が「どうぞ」と柿を差し出す。「渋かったらごめんなさいね」との忠告も虚しく、五郎の口のなかは渋さで満ちてしまった

(Season10 第5話)

この店で数あるレバー料理から五郎がチョイスしたのは「ネギレバ炒」(700円)。推しているだけあり、レバーの味は極まっている

「ネギ」×「レバー」というありそうで見かけないコラボだが、なぜほかの店にないか疑問を抱かざるをえないほど、心に残る味わい

パリッと揚げられた「とり皮餃子」（580円）。何もつけずにあふれる旨味を堪能しても、酢コショウやラー油を添えても箸が止まらない

青ネギの沼に没入不可避な「青ネギラーメン」（850円）。ネギと麺をかきわけるとメンマとナルトも顔を覗かせる

食後の余韻を引き立てる一杯となった「インスタントコーヒー」(120円)。お新香をお茶請けにするのもアリ

「このレバーがうまい。推してるだけのことはある。このタレがまた、絶妙」

さらにネギだけを食べてみると、「……ニラもいいけど、このネギ、いいな。こんなにうまいのに、なんで他の店にないんだろう。日本ネギレバ普及協会、すみやかに設立すべし」と唸りが止まらない。

同時に頼んだとり皮餃子にも目をやり、1つ摘んでパリッと半分齧る。

「ほぉ……ほぉほぉ、いいじゃないか。そうだ、餃子なんだから……」と思い立ち、店員に小皿を頼む。そこに酢とコショウを入れたタレにからませると、「これはこれで」と納得のお味。さらにとり皮餃子にラー油を直たらししても「アタリ」だ。もはやどうやって食ってもうまい。

あっという間に2品を食べきってしまった五郎。いい食堂に当たった喜びを噛み締めつつ、シメに頼んだのは「青ネギラーメン」と「インスタントコーヒー」だ。

眼の前に現れた「青ネギラーメン」は、麺が青ネギの沼に埋もれて見えないほど。豪快にひと口啜ると、「おぉ、いい。うんうん。ネギまみれ、イイ」と、刺激的かつ甘みのあるネギへの興奮で箸がまったく止まらない。レンゲでスープを味わってみても、「スープに浸った青ネギが香り立ってくる。万能ネギとはよく言ったもんだ。スープに寄り添い、この麺を引き立てている。見事なオールラウンドプレイヤー」と感無量の様子。後半にスープをすくっていると、「おっ、みっけ。最後はナルト締めで」と満足げにフィニッシュした。

食後はお新香をお茶請けにし、「インスタントコーヒー」を啜る。「うん、おいしいですよ……」。店を出ても思わず年季の入った暖簾の前に佇んでしまうほど、余韻に浸り切っていた五郎だった。

いづみ亭

住:千葉県柏市鷲野谷901-1
☎:04-7192-0421
営:11:30～13:30／
17:00～20:30
休:月、火曜日

骨まで愛せる柔らかさ、肉も幸せ、俺も幸せ

山横沢

【東京都渋谷区　笹塚のふうちゃんぷるととまとカレーつけそば】

　笹塚のゴルフ練習場での商談を終えた五郎。腹が減り、辺りを見渡したが、飲食店は1軒もない。仕方なく駅に向かってトボトボ歩いていると、五郎の視線には突然、「手打ちそば　うどん　山横沢」と書かれた看板が。もちろん、足早に入店する。

　だが、ここは蕎麦屋のはずが、店内は明らかに沖縄色満載。小上がりの屋根の上にはシーサーが数体飾ってあるうえ、厨房では店主が壷から泡盛を注いでいる。クッションのデザインを見ても、まるで沖縄の家の居間に入り込んだと錯覚するほどだ。

「……うーん、不思議な蕎麦屋」

　五郎がこうこぼすのも当然。黒板にびっしり書かれたメニューには「もりそば」「カレーつけそば」「沖縄そば」といった蕎麦シリーズのほか、「新潟県とちおの大あげ焼」「じゃこ天」「生ハムとルッコラ」……と、ひとつの土地に縛られないざっくばらんなメニュー名が並んでいるのだ。しかも、壁の「そば産地情報」を見ると、北海道ときた。「しからば、揺さぶられてやろう」と腹を決め、メニューを選び進めた五郎。

　はじめに登場したのは、「自家製スーチカ」だ。店長いわく、「皮付き豚の三枚肉を塩漬けしたものです。その塩漬けにした豚肉を10日間寝かしたあと、水と泡盛で煮て、塩抜きしてから冷蔵庫で冷やしたものを、茹で直してからお出ししています」とのこと。

「いただきます」とまずは三枚肉のみを咀嚼してみると、「ほぉ、ほぉほぉ……」と思わず唸る。下に溜まったポン酢とゴーヤ、カイワレと一緒に食べても、「いい苦み……。ゴーヤを着たスーチカさんのこと、俺、好きになりかけてる……」とさっそく虜だ。

　さらに、添えられたレモンを搾ってみると、「ガクンとおいしくなった。俺、完全に好き」とすっかり心を奪われてしまった。

あらすじ

複数の地域の食が集った心揺さぶられる蕎麦屋

商談で笹塚のゴルフ練習場に向かった五郎。だが、商談相手のティーチングプロ・石井は、商談中にも生徒にスパルタな活を入れ続けていて、なかなか話が進まない。挙句の果てには五郎にもゴルフを勧めてくる始末。なんとか逃げ出した五郎は、その足で心も腹も癒やしてくれる店を探し始めた

(Season10 第7話)

皮付き豚の三枚肉を塩漬けした「自家製スーチカ」（880円）。下に溜まったポン酢は好みに合わせて混ぜられるという

ふぅちゃんぷると同時に頼んだ「ライス（野沢菜の漬物付き）」300円）の相性は抜群。野沢菜の味もしっかりと沖縄になじんでいた

車麩ともやし、ゴーヤを炒めた「ふぅちゃんぷる」（880円）。五郎は車麩のたっぷたぷの食感が病みつきになったよう

蕎麦のつけ汁にライスを投入し、さらに追加注文してぶっこんだ「ソーキ」（時価）。骨まで食べられるほどのトロトロ具合だ

五郎がシメに選んだ「とまとカレーつけそば」（1400円）。トマトを決め手にしたつけ汁には、肉、ネギ、しめじがたっぷり入っている

続いて運ばれてきたのは、「ふうちゃんぷる」と「ライス（野沢菜の漬物付き）」。まずは車麩を口に運ぶと、そのぷるぷる感に身悶えする五郎。野菜と一緒に食べても、「（スーチカにも入っていた）ゴーヤとのダブりも問題なし。これはしまんちゅにしか思いつかないメシだ……」と、ライスとのラリーが止まらない。

未知の食べ物との遭遇でテンションが上がった五郎がシメに選んだのは「とまとカレーつけそば」だ。テーブルに並んだ料理を目にして頬を緩ませながら、つけ汁に蕎麦を突っ込み、フーフーしつつ口に運ぶ。「ほぉ……この蕎麦、うんまい！」

すぐに再びつけ汁に蕎麦を入れ、今度は肉やネギ、しめじとともに蕎麦をかっこむ。「初めて食べるのに、これは俺の食べたかった物だ……」。カレーの汁と具と蕎麦の塩梅が、たまらん。蕎麦屋の出汁のカレー、うんまい」と賛辞がこぼれ、追うように残った蕎麦を夢中で喰らい続ける。

気がつけば、蕎麦はなくなっていた。だが、五郎は残ったつけ汁に、あえて少し余らせていたライスを入れる。すると、五郎の行為を目に止めた店主が、「それにソーキを入れてもおいしいですよ」とアシスト。

すぐにきた追加のソーキをつけ汁丼に投入し、カレー汁による華麗な二次会がスタート。ソーキをひと噛みすると、「骨まで愛せる軟らかさ、肉も幸せ、俺も幸せ」と一瞬で絶頂に。丼自体も、ソーキの旨味に誘われて、一気にうまさを覚醒させた。

「カレーって、なんで最後の最後まで食欲をそそってくるんだろう……。南から北までダイナミックに揺さぶられ、インドの風に吹かれてのハッピーエンドだ」と独りごちながら、最後はさんぴん茶を満足げにすすり店を後にしたのだった。

山横沢

住：東京都渋谷区笹塚1-58-9
☎：080-6709-1589
営：月〜土18:30〜23:00
（L.O.22:00）
休：不定休

うま味出まくり大会。口のなかがカニのカーニバルだ

居酒屋 舞子

【富山県富山市のかに面おでんと海鮮とろろ丼】

出張ではるばる富山まで訪れていた五郎は、帰路につく前の腹ごしらえに迷っていた。せっかくなら地のものを、と店を探していたものの、いまいちピンとくる店にありつけない。気づけば国道41号線にまで出てしまった五郎だが、ふと顔を上げると暖簾と提灯が。足早に歩き出すと、その店の看板には「刺身各種」「おでん」の文字。暖簾には「大衆の店」「舞子」とある。

「まさに、求めていた店だ……。誠実な白の暖簾。うん、これでマズいはずがない」

店に入ると、L字カウンターにはすでに常連客たちの姿が。串焼きや刺身を堪能しており、五郎の安心感も増すばかりだ。

席につくと、さっそく突出しのばい貝煮が差し出される。すぐに口にしたくなるのをグッと堪え、メニュー表を吟味する五郎。

ふと夫婦客が「おでんもらえっけ」と言うと、女将がおでん鍋の蓋を開く。途端に湯気が立ち上り、目の前に座っていた五郎の嗅覚を刺激。「ここ、リングサイドS席だよ」と、おでんを注文することも確定した。

注文を済ませ、先程我慢したばい貝の煮付けに手をつける。爪楊枝で身を出すと、突出しとしては贅沢すぎるほどの大きなサイズで、「期待、ふくらみまくり」だ。

そんななか、五郎の目前に登場したのは、「かに面おでん」。本ズワイガニのメス蟹、身と味噌と内子外子、全部をほぐして甲羅に詰め直し、こぼれないようにすり身をあてて蓋をしたものだとか。かに面の不敵なツラがまえを眺めつつ、蓋に箸を入れるとカニの香りが充満してきた。スプーンで中身をすくうと、プチプチした内子外子の食感がたまらない。「おでん汁に浸かって旨味出まくり大会。口のなかがカニのカーニバルだ」と、白米と一緒にかきこんだ。

ホクホク顔の五郎のもとには、続けて大

あらすじ

出張先で見つけた地元民のみぞ知る富山飯

30年来の友人・滝山の姪っ子が店を開くことになり、その内装の相談ではるばる富山まで足を運んだ五郎。彼女の熱意あるプランを無事に聞き終え、富山市内を走るレトロな路面電車に揺られていると腹が減り下車。つい富山の地のものを連想しながら地元の名店を探し始めるのだった

(Season10 第8話)

おでん鍋の中でも存在感を放っていた「かに面」(500円)。五郎が食べたのは本ズワイガニだが、時期によって種類が変動することも

「いも（里芋）」(280円)、「大根」(280円)、「すすたけ」(280円)。五郎いわく、すすたけは「野性味あふれる感じ」だそう

富山の人間が一番好きな、安くて美味しい刺身だという「ふくらぎ」（940円）。ぶりの幼魚を指す言葉だとか

「海鮮丼」（1650円、ハーフサイズは1360円）。海鮮丼としては珍しくとろろが敷いてあるが、これが魚と米との緩衝材となっている

根・里芋・すすたけのおでんと、お刺身が。まずは大根を崩し、辛子をつけて口に運ぶと、「しみ具合、煮込み加減、ベスト」だ。

　続いては、「ふくらぎ」の刺身。漢字では「福来魚（福が来る魚）」と書くらしく、「旅人が食べるべきは、こういうものだ」と深く頷きながらご飯で追っかける。

　いったんおでんに立ち返り、里芋の皮を剥いて頬張る五郎。「いも、ほっこり。刺身とおでんて、意外に馬が合うんだな」と新たな気づきも得たよう。すすたけもまた、歯ごたえも香りも味もしっかりめで美味だ。

五郎はハーフサイズで頼んだ「白えびのかき揚げ」（1人前2200円、ハーフサイズは1100円）。白えびは天ぷらもおすすめとのこと

　またまた刺身に戻り、「鯛の昆布締め」を口に運ぶ。しっかりと昆布が沁みていて、五郎は烏龍茶なのに酔っ払ったような感覚に陥るほどのうまさだった。

「刺身。おでん。ごはん。富山。俺……」と、あまりの好循環に上機嫌の五郎だったが、さらに心を躍らせる「白えびのかき揚げ」が登場。一度かじりつき、おいしさに止まらず、もうひとかじり。まさに「やめられない止まらないやつ」だ。

　まだもう少し奥深い富山料理を堪能したい。ひとり客向けにできる限りハーフサイズでの提供に対応しているという店の好意に甘え、海鮮丼を注文した。

　出されたのは、シメサバ、かさご、白えび、いくら、ヒラメ、サス、きじえびに、海鮮丼には珍しくとろろが敷いてある丼ぶり。適度に醤油をかけ回し、一口、二口と続けて味わっていく。「なんだこれ、うまさに目が回りそうだ」と、あっという間に最後の白米をかきこんでしまった。

　食後に女将や常連客と和んでいると、「かきの昆布焼き」やら「昆布の素揚げ」やら、まだまだ気になる富山飯が挙げられていく。

「とりあえず1か月くらい住みたい……」と願わずにはいられない五郎なのであった。

居酒屋 舞子

住：富山県富山市柳町2-3-26
☎：076-432-4169
（営業日の16:00～17:30、22:00以降）
営：18:00～翌5:00
休：日曜日、祝日の月曜日
仕込みのため通常の月・水はランダムで休業。詳しくは店HP・SNSの営業日案内を参照

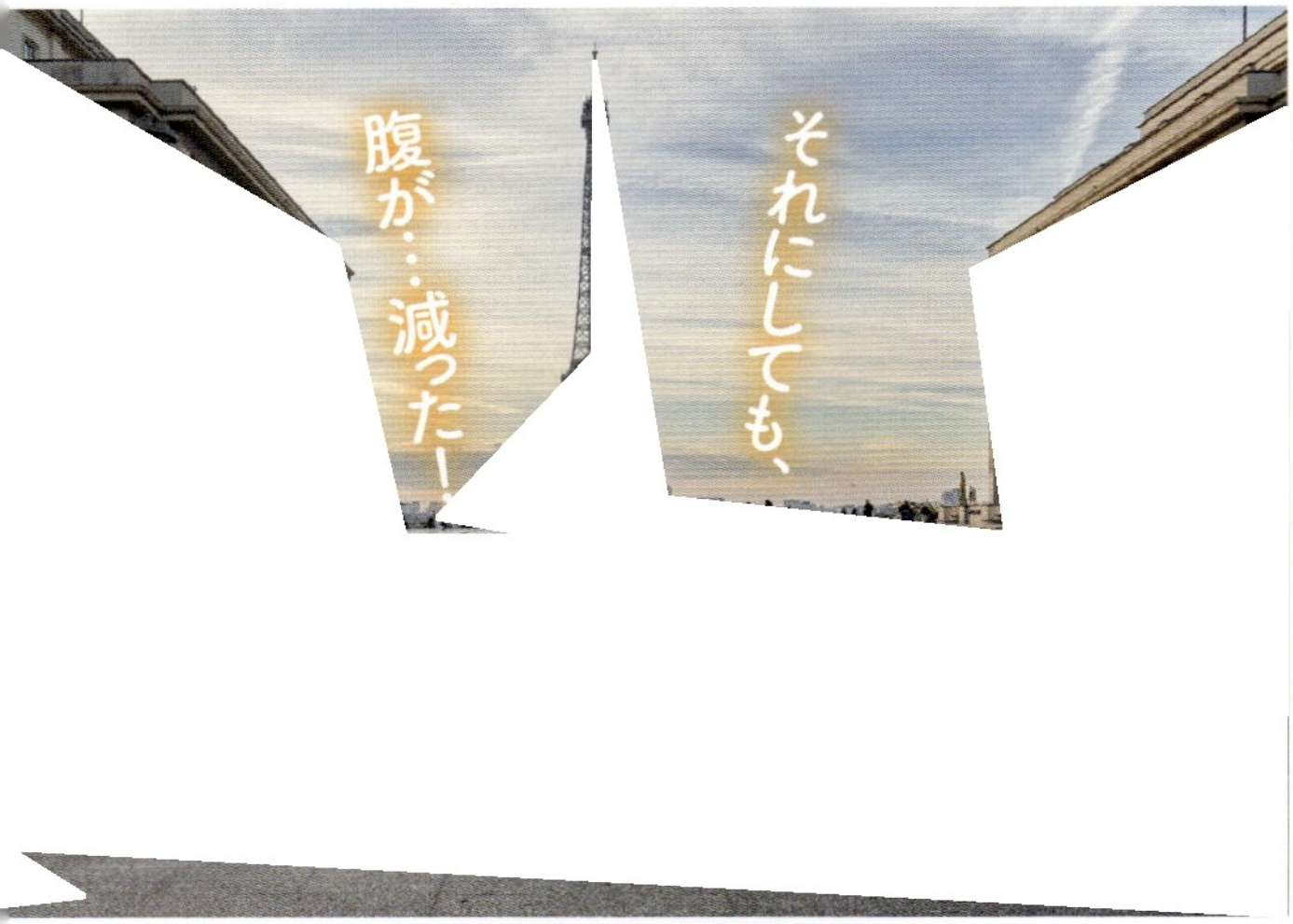

『劇映画　孤独のグルメ』で五郎が訪れた3店

銀幕という大海原に飛び出した井之頭五郎は
ある使命を帯びて、フランス・パリ、
長崎・五島列島、そして韓国・旧助羅を訪れる。
前代未聞の五郎の大冒険、そして「腹が、減る」！

あらすじ　「どうした……五郎!!」

井之頭五郎は、かつての恋人・小雪の娘、千秋からとある依頼の連絡があり、飛行機の機内で腹を減らしながらフランス・パリに向かう。パリに到着し、空腹をいつものように満たし、千秋とともに依頼者の祖父のもとへ向かう。そこで、千秋の祖父である一郎から、「子供の頃に飲んだスープがもう一度飲みたい。食材を集めて探してほしい」とお願いされる。わずかな地名をヒントに、五郎も行って食材を探してみることにしたのだが……。フランス、韓国、長崎、東京。究極のスープを求めて、五郎は世界に漕ぎ出す！　しかし……スープ探しのはずが、行く先々で様々な人や事件に遭遇。次第に大きな何かに巻き込まれていく……。「孤独のグルメ」史上最長のサバイバルロードムービー

フランス

パリ

これぞフレンチの王道……ヤバいな……

LE BOUCLARD

ビーフ・ブルギニョンとは牛肉の赤ワイン煮込み。ホロホロの牛肉に五郎も微笑む

LE BOUCLARD

住：1 rue Cavallotti–75018 Paris
☎：+33-1-45-22-60-01
営：火曜～金曜12:00～14:00
火曜～土曜19:00～22:30
休：日、月曜日

「とんでもないスープだ」と五郎に言わしめた逸品。分厚いチーズも食べごたえあり

花の都パリで出会った通いたくなるほどの店

「それにしても、腹が減った……」

パリに着いて早々、五郎はいつにも増して空腹だった。それもそのはず、飛行機で熟睡してしまい、機内食を食べ損ねたのだ。このビハインドを取り戻そうと五郎は、パリの街並みを突き進む。

「王道フレンチか大衆ビストロか。うーん、とりあえず前進」と思案した挙げ句に見つけたのは、どこか大衆的な雰囲気を醸し出すフランス料理店だ。注文したのはオニオンスープとビーフ・ブルギニョン。

「甘味からのチーズの塩っ気が絶妙すぎる。熱いのに、スプーンが止まらん」とオニオンスープに舌鼓。続いて機内食で逃したビーフ料理がお出ましだ。

「ヤバいな。白飯がほしくなってきた」

瞬く間にフレンチを胃袋に流し込んだ五郎は「パリに通いたい店ができてしまった」と大満足で店をあとにし、依頼人のもとへ向かった。

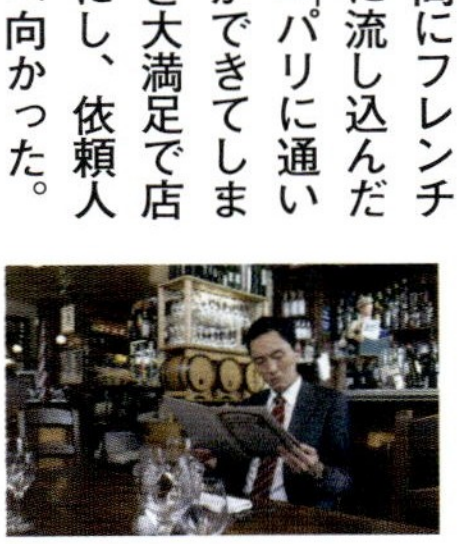

店構え、店内の装飾ともに五郎の腹にマッチした

長崎

五島

この一杯で腹いっぱい。大大大満足

みかんや食堂

「俺の知っているちゃんぽんスープとは違う」と五郎も絶賛。具だくさんで美味だ

素朴な佇まいだが「かわいい店名」だと五郎の直感にビビっときた

みかんや食堂

住：長崎県五島市奈留町浦409-1
☎：0959-64-2079
営：8:00〜18:00
休：第1･3･5日曜日

地元食材がどっさり入った激ウマスープちゃんぽん

　スープの手がかりを探るため、五島列島を訪れた五郎。「どうせなら、五島ならではのものを腹に入れたいよな」と入店した先は大衆食堂。店内では地元住民が思い思いに料理を口に運んでいる。

　注文したのは長崎名物のちゃんぽんだ。「豊富な具材と麺が口の中でまさにちゃんぽんになっていく。うん、楽しい」と食べ進め、野菜の甘みを閉じ込めたあっさりスープにご満悦だ。

　スープのうまさに感激の五郎は、店員のおばちゃんにその理由を聞く。「昆布、長崎県産のいりこ、鶏ガラでダシをとったスープに、長年豚肉を炊き込んだタレを入れております」

　それを聞いた五郎の箸はさらに進み「この島を巣立った人たちもこのスープの味を忘れることはあるまい」と完飲だ。

　無事腹を満たした五郎は再びスープ探しの旅に出かける。

ちゃんぽん以外にも定食やうどんも取り揃える名店

韓国

旧助羅《クジョラ》

マシッソヨ。アイラブ、ファンテヘジャンク

ジニ食堂（진이네식당）

二日酔いに効くとされるヘジャンク。五郎は「下戸の俺にも沁み渡る」と味わった

「韓国はこの前菜軍団が頼もしい。しかもどれもこれもうまいと来たものだ」と五郎

ジニ食堂

住：慶尚南道 巨済市 一運面 ソラリ69-2

☎：+82-0-55-681-1379

営：10:30～21:00

休：なし

五郎の胃腸に染み渡る韓国の絶品スープ

韓国の入国管理局員との待ち合わせで、巨済島《コジェ》の旧助羅港に着いた五郎。しかし、待ち人はなかなかやってこず、「胃袋のエマージェンシーランプ点滅」（五郎）。

港町を調査する五郎のアンテナが反応したのは、とある店先の鯖料理の写真。これを目当てに入った五郎は、ついでにファンテヘジャンク（干したスケトウダラを使ったスープ）も注文した。

まず運ばれてきたのは、ミッパンチャンと呼ばれる韓国の常備菜。続いて、ファンテヘジャンクが到着だ。

「あっさりしてるんだけど、その中に干し鱈の濃いうま味がしっかり滲み出ている」とペロリたいらげた。

そして、「腹一杯」とつぶやく五郎の元に届いたのは鯖の開きである。隣で五郎の食いっぷりを眺めていた入管職員も我慢の限界を迎え、思わず立ち上がってしまうのだった。

キムチなどの韓国名物で五郎も白米が進んだ

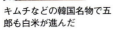

テレビドラマ

『孤独のグルメ』Season1～10で紹介されたお店

★は本書で紹介　●は閉店(2024年12月現在)

[Season1] 2012年1月～3月初回放送

第1話【東京都江東区門前仲町のやきとりと焼きめし】庄助
第2話【東京都豊島区駒込の煮魚定食】●和食亭
第3話【東京都豊島区池袋の汁なし担々麺】楊2号店
第4話【千葉県浦安市の静岡おでん】●LocoDish
★第5話【東京都杉並区永福の親子丼と焼うどん】つり堀 武蔵野園
第6話【東京都中野区鷺ノ宮のロースにんにく焼き】みやこや
★第7話【東京都武蔵野市吉祥寺喫茶店のナポリタン】カヤシマ
★第8話【神奈川県川崎市八丁畷の一人焼肉】つるや
第9話【東京都世田谷区下北沢の広島風お好み焼】ヒロキ
第10話【東京都豊島区東長崎のしょうが焼目玉丼】●せきざわ食堂
第11話【東京都文京区根津飲み屋さんの特辛カレー】すみれ
第12話【東京都目黒区中目黒ソーキそばとアグー豚の天然塩焼き】草花木果(そーかぼっか)

[Season2] 2012年10月～12月初回放送

第1話【神奈川県川崎市新丸子のネギ肉イタメ】三ちゃん食堂
第2話【東京都中央区日本橋人形町の黒天丼】中山
第3話【東京都中野区沼袋のわさびカルビと卵かけご飯】平和苑
第4話【群馬県邑楽郡大泉町のブラジル料理】ブラジル
★第5話【神奈川県横浜市白楽の豚肉と玉ねぎのにんにく焼き】キッチン友
第6話【東京都江戸川区京成小岩の激辛四川料理】四川中華料理 珍々(ぜんぜん)
第7話【千葉県旭市飯岡のサンマのなめろうと蛤の酒蒸し】●つちや食堂
第8話【東京都墨田区両国の一人ちゃんこ鍋】割烹ちゃんこ 大内
第9話【東京都江東区砂町銀座を経て事務所飯】竹沢商店／あさり屋さん／●産直フーズとんパチ／増英蒲鉾店／手作りの店さかい／●吉田屋／●鳥光
第10話【東京都北区十条の鯖のくんせいと甘い玉子焼】田や
★第11話【東京都足立区北千住のタイカレーと鶏の汁無し麺】タイ国料理 ライカノ
第12話【東京都三鷹市のお母さんのコロッケとぶり大根】お食事 樹

[Season3] 2013年7月～9月初回放送

第1話【東京都北区赤羽のほろほろ鳥とうな丼】川栄
★第2話【神奈川県横浜市日ノ出町のチート(豚胃)のしょうが炒めとパタン】第一亭
★第3話【静岡県賀茂郡河津町の生ワサビ付わさび丼】わさび園かどや
第4話【東京都文京区江戸川橋の魚屋さんの銀ダラ西京焼き】魚谷
第5話【東京都中野区東中野の羊の鉄鍋とラグマン】キャラヴァンサライ包(パオ)
第6話【東京都板橋区板橋の焼肉ホルモン】山源
第7話【東京都目黒区駒場東大前のマッシュルームガーリックとカキグラタン】ボラーチョ(BORRACHO)
第8話【東京都台東区鶯谷のアボカド鶏メンチと鳥鍋めし】鳥椿 鶯谷朝顔通り店
第9話【東京都練馬区小竹向原のローストポークサンドイッチとサルシッチャ】まちのパーラー
第10話【東京都荒川区西尾久の炎の酒鍋と麦とろ飯】どん平
第11話【新潟県十日町市ドライブインの牛肉の煮込みと五目釜めし】●峠の茶屋 蔵
第12話【東京都品川区大井町いわしのユッケとにぎり寿司】だるまや

[Season4] 2014年7月～9月初回放送

★第1話【東京都清瀬市のもやしと肉のピリ辛イタメ】みゆき食堂
第2話【東京都中央区銀座の韓国風天ぷらと参鶏湯ラーメン】なじみ亭
★第3話【神奈川県足柄下郡箱根町のステーキ丼】いろり家
第4話【東京都八王子市小宮町のヒレカルビとロースすき焼き風】大幸園
第5話【愛知県知多郡日間賀島のしらすの天ぷらとたこめし】乙姫
第6話【東京都江東区木場のチーズクルチャとラムミントカレー】カマルプール
★第7話【東京都台東区鳥越の明太クリームパスタとかつサンド】まめぞ
第8話【東京都杉並区阿佐ヶ谷のオックステールスープとアサイーボウル】●YO-HO's cafe Lanai
第9話【東京都渋谷区神宮前の毛沢東スペアリブと黒チャーハン】シャンウェイ
第10話【東京都江東区枝川のハムエッグ定食とカツ皿】●アトム
第11話【東京都大田区蒲田の海老の生春巻きととりおこわ】THI THI(ティティ)
第12話【東京都渋谷区恵比寿の海老しんじょうと焼おにぎり】●さいき

[Season5] 2015年10月～12月初回放送

★第1話【神奈川県川崎市稲田堤のガーリックハラミとサムギョプサル】寿苑
第2話【東京都江東区清澄白河のポパイベーコンとサンマクンセイ刺】だるま
第3話【東京都杉並区西荻窪のラム肉のハンバーグと野菜のクスクス】tamtamu(タムタム)
第4話【台湾宜蘭県羅東の三星葱の肉炒めと豚肉の紅麹揚げ】●全台小吃部
第5話【台湾台北市永楽市場の鶏肉飯と乾麺】永樂小吃(永樂担仔麵)
第6話【東京都目黒区大岡山の九絵定食となめろう冷茶漬け】九絵
第7話【東京都世田谷区千歳船橋のラム肩ロースとラムチョップ】まーさん
第8話【東京都渋谷区代々木上原のエマダツィとパクシャパ】ガテモタブン
第9話【千葉県いすみ市大原のブタ肉塩焼きライスとミックスフライ】源氏食堂
第10話【東京都江東区亀戸の純レバ丼】菜苑
★第11話【埼玉県越谷市せんげん台のカキのムニエルとアメリカンソースのオムライス】厨 Sawa
★第12話【東京都豊島区西巣鴨の一人すき焼き】しゃぶ辰

[Season6] 2017年4月〜7月初回放送

★第1話【大阪府美章園のお好み焼き定食と平野の串かつ】甘辛や／串かつ・どて焼 武田
★第2話【東京都新宿区淀橋市場の豚バラ生姜焼き定食】伊勢屋食堂
第3話【東京都目黒区三田のチキンと野菜の薬膳スープカレー】薬膳スープカレー シャナイア
第4話【東京都東大和市の上タンシオとカイノミ】●翠苑
第5話【東京都世田谷区太子堂の回転寿司】すし台所屋 三軒茶屋店
★第6話【東京都新宿区高田馬場のシャン風豚高菜漬け炒めと牛スープそば】ノング インレイ
第7話【東京都渋谷区道玄坂の皿うどんと春巻】長崎飯店 渋谷店
第8話【東京都台東区御徒町のラム肉長葱炒めとスペアリブ】羊香味坊
第9話【東京都品川区旗の台のサルスエラとイカ墨パエリア】スペイン食堂 石井
第10話【千葉県富津市金谷のアジフライ定食】漁師めし はまべ
第11話【東京都文京区茗荷谷の冷やしタンタン麺と回鍋肉】豊栄
第12話【東京都品川区五反田の揚げトウモロコシと牛ご飯】食堂とだか

[Season7] 2018年4月〜6月初回放送

第1話【埼玉県上尾市本町の肩ロースカツ定食】キセキ食堂
第2話【東京都世田谷区経堂の一人バイキング】マッシーナ メッシーナ
★第3話【東京都港区南麻布のチョリソのケソフンディードと鶏肉のピピアンベルデ】サルシータ
第4話【群馬県甘楽郡下仁田町のタンメンと豚すき焼き】一番／コロムビア
★第5話【東京都荒川区三河島の緑と赤の麻婆豆腐】麻婆豆腐専門 眞実一路
第6話【千葉県浦安市の真っ黒な銀ダラの煮付定食】羅甸（らてん）
第7話【東京都墨田区東向島の納豆のピザと辛いパスタ】カトリカ
★第8話【東京都中野区百軒横丁のチキン南蛮と地鶏モモ串】炭火やきとり 泪橋
第9話【韓国チョンジュ市の納豆チゲとセルフビビンパ】トバン（토방）
第10話【韓国ソウル特別市の骨付き豚カルビとおかずの群れ】チョンジョムスップルカルビ（종점숯불갈비）
第11話【千葉県千葉市の特製ニンニクスープと生鮭のバター焼き】えびすや
第12話【東京都中央区八丁堀のニラ玉ライスとエビチリ】●中華シブヤ

[Season8] 2019年10月〜12月初回放送

第1話【神奈川県横浜中華街の中華釜飯と海老雲呑麺】南粤美食（ナンエツビショク）
第2話【東京都杉並区高井戸のタンステーキとミートパトラ】●EAT
第3話【東京都中央区銀座のBarのロールキャベツ定食】四馬路（スマロ）
★第4話【埼玉県新座市の肉汁うどんと西東京市ひばりが丘のカステラパンケーキ】うどんや 藤/コンマ コーヒー
★第5話【群馬県藤岡市の一人ロースター焼肉】宝来軒
第6話【東京都台東区浅草のローストポークのサラダとチムチュム】イサーン
第7話【神奈川県鎌倉市由比ガ浜のドイツ風サバの燻製とスペアリブ】●シーキャッスル
第8話【鳥取県鳥取市のオーカクとホルモンそば】まつやホルモン店
第9話【東京都千代田区御茶ノ水の南インドのカレー定食とガーリックチーズドーサ】三燈舎
第10話【東京都世田谷区豪徳寺のぶりの照焼き定食とクリームコロッケ】旬菜魚 いなだ
★第11話【神奈川県川崎市武蔵小杉の一人ジンギスカン】ジンギスカン どぅー
第12話【東京都台東区三ノ輪のカツ丼と冷し麻婆麺】やよい

[Season9] 2021年7月〜9月初回放送

第1話【神奈川県川崎市宮前平のひれかつ御前と魚介クリームコロッケ】とんかつ しお田
第2話【神奈川県中郡二宮の金目鯛の煮付けと五郎オリジナルパフェ】軽食喫茶 山小屋／●魚処 にしけん
★第3話【東京都港区東麻布のムサカとドルマーデス】タベルナ ミリュウ
第4話【東京都府中市新町の鰻の蒲焼チャーハンとカキとニラの辛し炒め】しんせらてぃ
★第5話【静岡県伊東市宇佐美の牛焼きしゃぶと豚焼きしゃぶ】焼肉ふじ
第6話【東京都豊島区南長崎の肉とナスの醤油炒め定食と鳥唐揚げ】割烹・定食 さがら
★第7話【東京都葛飾区新小岩の貴州家庭式回鍋肉と納豆火鍋】貴州火鍋
第8話【群馬県高崎市のおむすびと鮎の塩焼き】えんむすび
第9話【福島県郡山市舞木町ドライブインの焼肉定食】舞木ドライブイン
第10話【栃木県宇都宮市のもつ煮込みとハムカツ】庄助
第11話【東京都豊島区巣鴨のチャンサンマハと羊肉ジャージャー麺】シリンゴル
第12話【神奈川県伊勢佐木長者町のチーズハンバーグと牛ヒレの生姜焼き】トルーヴィル

[Season10] 2022年10月〜12月初回放送

第1話【神奈川県相模原市橋本の牛肉のスタミナ炒めとネギ玉】よしの食堂
第2話【東京都港区白金台のルンダンとナシゴレン】チャベ目黒店
第3話【神奈川県横浜市桜木町の真鯛のソテーオーロラソースとまぐろのユッケどんぶり】キッチンカフェ ばる
第4話【東京都練馬区大泉学園のサザエとキノコのプロヴァンス風と牛タンシチューのオムライス】ビストロ クロカワ
★第5話【千葉県柏市鷲野谷のネギレバ炒と鶏皮餃子】いづみ亭
第6話【岐阜県下呂市のとんちゃんとけいちゃん】大安食堂
★第7話【東京都渋谷区笹塚のふうちゃんぷるととまとカレーつけそば】山横沢
★第8話【富山県富山市のかに面おでんと海鮮とろろ丼】居酒屋 舞子
第9話【東京都荒川区日暮里の酢豚とチャムチャ麺】世味（セミ）
第10話【神奈川県川崎市中原区の豚肉腸粉と雲呑麺】粥菜坊（カユナボウ）
第11話【千葉県旭市の塩わさびの豚ロースソテー】レストラン バイキング
第12話【東京都千代田区麹町のイタリア食堂のミートローフ】ラ・タベルナ

※情報は2024年12月10日現在のものです

祝！映画化

ますます腹が減る……

孤独のグルメ関連書籍 新発売！

トリビュートブック

100% 孤独のグルメ！

～それにしても、腹が減った…～

A5変判／128ページ　定価：1320円（税込み）

食漫画の金字塔『孤独のグルメ』初のトリビュートブック。
食描写の達人たちによる珠玉のトリビュート漫画＋エッセイを収録！
原作・久住昌之氏へのロングインタビュー、
井之頭五郎名言解説、
作画・谷口ジロー氏のイラストギャラリーも！

好評既刊
発売中!

［文庫版］孤独のグルメ①
定価：770円（税込み）

［文庫版］孤独のグルメ②
定価：715円（税込み）

谷口ジローコレクション17
孤独のグルメ1
定価：3000円（税込み）

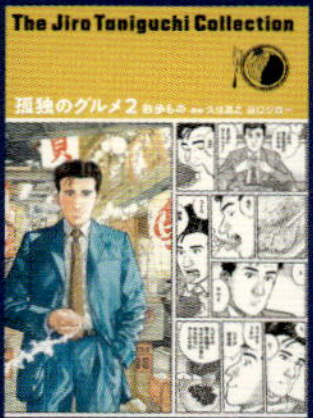

谷口ジローコレクション18
孤独のグルメ2 散歩もの
定価：3200円（税込み）

劇映画　孤独のグルメ

シナリオブック完全版
脚本／松重 豊 田口佳宏

四六判／192ページ　定価：1430円（税込み）

主人公の井之頭五郎を演じる松重豊が監督・脚本を兼任。
ストーリーも海を越えフランスや韓国が舞台になるなど、
「え？ そこまでやるんだ」という
映画ならではのスケールのシナリオを完全収録。
松重豊からの巻頭言や、ゲストとのスペシャル対談も収録！

お求めはお近くの書店、ネット書店またはブックサービス 0120-29-9625（9:00〜18:00）まで　電子版も発売中
扶桑社

『孤独のグルメ』巡礼ガイド［完全版］

取材・文
岡野孝次、國尾一樹、持丸千乃、大澤昭人、赤池則人、真島加代・片岡あけの・松嶋千春・沼澤典史・田中慧・貴家蓉子・野中ツトム（清談社）

撮影
増田岳人、岡村隆広、林 紘輝、山川修一、難波雄史、ヤナガワゴーッ！

写真提供
テレビ東京

校閲
岩重 宏

ブックデザイン・DTP
小田光美（OFFICE MAPLE）

協力
テレビ東京、共同テレビジョン

Special Thanks
谷口ジロー、久住昌之

編集
遠藤修哉・牧野早菜生（週刊SPA! 編集部）

2025年1月10日 初版第1刷発行
2025年2月10日 第2刷発行

著者
週刊SPA!『孤独のグルメ』取材班

発行者
秋尾弘史

発行所
株式会社 扶桑社
〒105-8070 東京都港区海岸1-2-20
汐留ビルディング
電話 03-5843-8194（編集）
03-5843-8143（メールセンター）
http://www.fusosha.co.jp

印刷・製本
株式会社 広済堂ネクスト

【初出】
P12～21、26～35『孤独のグルメ巡礼ガイド』、
P22～25、P36～47『孤独のグルメ巡礼ガイド2』、
P48～71『孤独のグルメ巡礼ガイド3』

ISBN978-4-594-09983-1